新时代家长课堂

XINSHIDAI JIAZHANG KETANG

孩子才是

好妈妈

教育从家长开启

万 乐 —— 著

全国百佳图书出版单位
时代出版传媒股份有限公司
安徽人民出版社

U0504804

图书在版编目（ＣＩＰ）数据

懂孩子才是好妈妈:教育从家长开启/万乐著. —合肥 :安徽人民出版社，2023.3

ISBN 978－7－212－10860－1

Ⅰ.①懂⋯ Ⅱ.①万⋯ Ⅲ.①亲子教育 Ⅳ.①G781

中国版本图书馆 CIP 数据核字(2020) 第 050428 号

懂孩子才是好妈妈——教育从家长开启

DONG HAIZI CAI SHI HAOMAMA JIAOYU CONG JIAZHANG KAIQI

万乐　著

出 版 人:杨迎会　　　　　责任印制:董　亮

责任编辑:王大丽　　　　　封面设计:润一文化

出版发行:安徽人民出版社 http://www.ahpeople.com

地　　址:合肥市政务文化新区翡翠路 1118 号出版传媒广场八楼

邮　　编:230071

电　　话:0551-63533258　0551-63533292(传真)

印　　制:合肥创新印务有限公司

开本:710mm×1010mm　　1/16　　印张:16.25　　字数:230 千

版次:2023 年 3 月第 1 版　　2023 年 3 月第 1 次印刷

ISBN 978－7－212－10860－1　　定价:38.00 元

妈妈课三周年活动

因妈妈课多个学员的孩子逆袭，万老师被学校邀请做家庭教育经
验分享

家庭夏令营

第四期重塑生命亲子关系专场

全家一起参加的夏令营

通过监控看孩子夏令营现场的表现

第二期妈妈课专场

第五期妈妈课专场

给中国建设银行员工培训

九型人格沙龙

给望湖小学班主任培训

沙龙活动合影

给易贝思英语培训学校老师培训

第六期重塑生命和谐家庭专场

重塑生命训练营授课现场

第一期生命资本高阶班禅修训练营

第 23 期重塑生命训练营

骨干员工工作能力提升培训

生命资本训练营

爱与责任

当孩子呱呱坠地时，父母就面临着教育的问题，父母是孩子的第一任也是非常重要的老师。在家庭教育、学校教育、社会教育三位一体的教育网络中，家庭教育是人生整个教育的基础和起点。可以这么说，学校教育、社会教育中落后的孩子，几乎都能追溯到家庭教育的缺失与不足。家庭教育中多一分投入，学校与社会教育就能多十分收获。

提及家庭教育，必不可少的是心理学在家庭教育中的应用。一个孩子，从个体的心理发展到一生的德智体美劳等综合能力的提升，再到最终的社会成就，其心理因素与教育之间的关联极为紧密。众多案例显示，成年后的多数心理问题与早年的经历和父母的教育方式息息相关。

实践中发现，心理学的原理和方法对家庭教育有很好的促进作用，但往往并不能直接照搬应用。比如，家长常常遇到孩子不爱吃饭、不想去上学、不愿意写作业、乱发脾气等难题。按照常规的心理学的思路，需要进行分析，了解诱导其发生发展的因素，有些地方还需要溯源以找到对策。然而实际情况常常不允许投入这么多的时间和成本。遇到这一难题的时候，众多父母更多的是需要一些直接、简单的操作方法，便于切实有效地解决问题，见到成果，这也是实际教育中提出的诉求。因此，这就要求心理学工作者，能够把心理学专业的理论与方法，有效地迁移、发散并变成大众能够吸收和利用的理论与方法。针对孩子遇到的难题，大谈特谈心理感受是没有意义的。这时候应思考具体的问题，是什么样的心理因素导致其发生发展的，有什么思维方式与路径可以遵循。刚刚过去的三年疫情，对人们的工作、学习、生活带来全方位影响，也引发孩子、家长、教育工作者多方面的冲击和思考。由此，我更加坚定地认为探索和研究教育问题的重要性及撰写该书的作用和意义。我们力求帮助妈妈们知晓一些科学的理念、有效的方法，使妈妈们能给孩子的成长以明确指导。

为此，我选择了九型人格这门学问作为切入点，探索解决上述实践中的问题，力求既能够给出符合教育规律的具体的行动方案，也能够给出心理学层面的深度分析与解决办法。同样是针对具体的写作业、日常的吃饭等行为习惯问题，九型人格能概括出行为表现有哪些规律，用什么样的方式应对会取得良好的效果，甚至能细化到对孩子具体行为的判断应对之中。比如，某些性格的孩子喜欢先列框架，某些性格的孩子并不喜欢这样做，通过九型人格分析可知，这与性格类型的思维习惯，乃至情绪的变动都密不可分。

运用九型人格方法，还可以帮助解决教育中的这样一些难题。比如，很多家长热爱学习，力求成为学习型父母，他们为了教育好孩子报了很多课程，学习了诸多教育与心理学的方法，然而实际操作的时候还是面临所使用的理论方法不奏效、别人家的经验用不上、达不到预期效果的窘况。这在九型人格里可以找到解释与说明，不同性格的人会秉承不同的价值观，对于专业领域也有自己鲜明的特色。不同性格的老师，所擅长的教学手段和方法适用于不同的学生，同种性格的人天生会有匹配度，不同性格的老师与学生在教学中对知识的传播与吸收的效率则是打折扣的。在教学中我们会发现，脑区性格的人喜欢下定义、心区性格的人喜欢讨论交流、腹区性格的人更适合案例教学。同理，父母与孩子的性格不同，也容易造成这种差异性，而且影响更为深入、直接。父母所秉持的价值观不同，生活习惯、思维方式、情绪管理、沟通表达等均有其特点，如果孩子的性格与你不同，你会发现父母极力想灌输给孩子的怎么都行不通，而有些方面父母没有教孩子，孩子却天生就会。针对这种现象，如果能了解性格，就会得到清晰的答案，并采用具体的指导方式，就可保证即便是性格不同，也能更有效地沟通交流、教育孩子。

该方法的另一个优势则是为实践提供了指导方针，便于对未来的变化做出把握。实践中发现，孩子性格会有各种各样的表现，且随着年龄与阅历的增加更会有所不同，而在选择的倾向与价值观上则是稳定的，这就为对孩子未来发展的可能性进行预测提供了依据。教育是面向未来的，教育永远是需要超前的，今天的教育都是在为十年、二十年之后的社会提供合适的人才服务的。为此，我在实际教学中根据孩子的性格，给出兴趣班的选择，并对培养路径做出精准的设计。我认为，面对不可预测的未来，必须提早规划，先行一步。父母应清醒地认识到，教育是长久的功夫，不是一朝一夕就能见效的。多年的实践教学中，我也发现，关注综合能力持续性的提升，远比计较一时的成败更为重要。

本书是以九型人格为框架，融合心理学的理论与观点，结合当下教育的现实情况以及管理学上的经验与技巧汇总、整合而成。因九型人格是舶来品，在本土化的应用中，我也结合当下的社会状况、文化习俗、家长特点等做了一些改良和调整，力争让父母们清晰明白、便于应用。

教育是父母陪着孩子长大的一个完整周期。在教育孩子的过程中，使父母重新做了一次孩子，共同体验，一起成长。每次孩子某方面的能力提升，也展示了父母在孩子提升之前内心状态的合理调整、教育孩子方法技巧上的进展。爱是每个孩子生命进展的源泉，因为爱让人得以滋养，产生支持力和推动力。教育孩子的起点是爱，责任是教育的导向，最终教育的成果所呈现的是孩子长大成人后可以承担社会的、家庭的、个人的种种责任。

爱与责任是教育永恒的灵魂，就像夜晚的灯塔指引着我们航行。因在家庭教育中，妈妈承载着孕育、哺养的重任，对孩子的影响更直接，所以本书围绕妈妈而展开。愿本书能为爱孩子、有责任心的妈妈们，提供一份支持。

目　　录

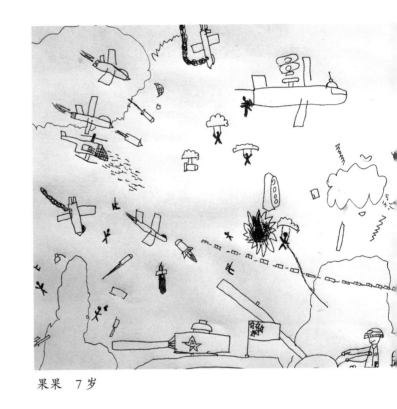

果果 7岁

第一章
教育的起点是爱

JIAOYU DE QIDIAN SHI AI

孩子童趣的眼光，
呈现自己的家庭和成长环境，
爱是看得见、摸得着的。

妈妈和爸爸在亲子教育中的角色

与女人相比，男人无法深刻地体会到十月怀胎的奇妙连接。女人怀胎的 10 个月里，品味着宝宝一天一天的变化，既感动又惊喜。甚至会一一记录下宝宝每一个第一次，第一次在肚子里动、第一次打嗝……每时每刻，无论做什么都带着他，忍不住跟他说话，忍不住想知道他小小的模样……

这份与生俱来的亲密感，自然比男人先一步懂孩子、理解孩子，孩子觉得妈妈更懂我，所以和妈妈更亲，之后才和爸爸亲。

女人养育孩子，天生更温柔、细腻、有耐心，洞察孩子的能力更强。

在孩子的心理年龄达到 3 岁前，若说妈妈是天，那爸爸就是天空中的云朵，是用来点缀亲子关系的。

这个阶段，孩子们需要完成的是：我和妈妈是一体的，之后才分离成两个独立的个体。

孩子们会把一切事物，比如从妈妈的乳房、妈妈的衣服、妈妈的味道再到识别到的声音、图像、玩具等都当作是妈妈的一部分，就好像孩子们会以为自己还在妈妈的子宫里，自然地以为他们的每个心跳妈妈都能感应到。

在这之后的岁月里，伴随着妈妈的爱和耐心，孩子们会逐渐认识到哪些是妈妈的，哪些是自己的，并自然而然地过渡到对自我认知形成的阶段，准确地说孩子的成长就是先把所有的事情混为一体，再学会区分，最初的这种学习从他们与妈妈的心理上的区分开始。

每一个阶段的分离带来的焦虑，都需要妈妈温柔耐心地呵护着，避免造成对孩子安全感的误伤，严重的甚至能造成更深层次的心理创伤。可惜的是大多数人认为婴幼儿是没有思想的、什么都不懂的、可以随意打骂甚至用语言等冷暴力对待的，觉得这有什么关系呢，孩子哭够了就听话了，可这些却对孩子的心理造成了极大的负面影响。

妈妈们多多少少都有过产后抑郁的经历，比如，明知道不能哭，却还是莫名其妙地伤心流泪，为一点小事都能觉得自己特别委屈，得不到真正的理解……

若深挖根源，追溯到自己的婴幼儿时期，就会发现，这些也是因为心理诉求没有得到照顾和满足，当自己成为母亲后，被孩子激发了这些深埋心底的伤痛，就好像揭开了自己原本还未愈合的伤口般撕裂地痛……

这一刻自己更需要被照顾，却依然选择先照顾孩子，母爱的无私、伟大与坚强就在这一瞬间被完美地诠释了，就这个层面来说，女人面对伤痛时更强大、更坚韧！

妈妈的爱是孩子心里的安全感

教育是面向未来的，今天对孩子所实施的教育行为，在孩子成年后才能体现出其作用。未来是不确定的，也是令人焦虑的，而在教育中，起核心作用的是家庭教育。父母的陪伴，尤其是妈妈角色，非常重要。在教育中妈妈的角色，如同职业运动员培养过程中的经纪人，帮助孩子制订学习、生活计划，并配合做好后勤工作，选择老师、选择不同的教育资源等，这些都对妈妈承担教育孩子的职能提出了更高的要求。如何在面向未来的教育中，帮助孩子赢得一席之地呢？以不变应万变，谁也无法精准地预测未来的样子，因而会有很多家长盲目地给孩子报各种兴趣班、补习班，培养孩子各种日常技能、思维表达能力，这些大多是被对未来的焦虑所胁迫。无论未来如何变化、需要怎样的技能，都一定需要对生活积极、充满热情的人，有爱心、善良的人，这些品质比技能、学习成绩更重要，也是学习成绩、技能掌握的保证。有这些品质的人，生活过得不会差，在成长中也能积极应对学习中的压力与枯燥，找到属于自己的乐趣。这些品质与能力是家庭教育、父母的陪伴、妈妈的温柔细致才能养成的。决定教育结果好坏的是妈妈给予孩子爱的能力。

妈妈给予孩子的爱是无价之宝，无可替代。

当面临不敢接触的陌生人或事、不愿意学习、不敢和他人社交等问题时，根源依旧来自内心深处缺乏的心理安全感，跟妈妈暂时断了情感连接、感受不到妈妈的爱与鼓励了、暂时失去了信心和勇气的孩子要如何面对自己？又从何谈起去探索外面的世界呢？

一味地批评、说教、纠正根本起不到作用，若想真正解决问题，方法只有一个：做个温柔、平和且坚定的妈妈，给予最适合孩子的、优质的情感陪伴。

那种无条件的信任与支持是无论发生什么，妈妈第一时间就会出现在这里，陪伴你，允许你抒发各种情绪，不论对错，只满足当下孩子对母爱的需求。

更为重要的是，如果没有给予对应的满足，无论孩子的年龄多大，他都会在某一段时间里，继续向妈妈索取这份构建安全感的情感连接的满足，甚至会倾其一生去追寻这份满足，只是索取的对象不再是妈妈，而是其他人、其他事物、其他角色。

优质的爱的陪伴少一个月，一定会让你还三年。年龄大一些的孩子，尤其是处于青春期的孩子，状况会更复杂一些，但若追根溯源，依然是妈妈给予的爱与陪伴的缺失。

爸爸接力妈妈对孩子的爱

爸爸在教育中的重磅责任是，接过妈妈手中的接力棒，领着对自我有了正确认知的孩子面对社会、面对未来的人生。

就好比妈妈勾勒出专属自己孩子的轮廓和线条，再由爸爸涂上专属的色彩，妈妈负责历练环节，爸爸负责实战环节。

妈妈顺利跑好第一棒，并将棒交到爸爸手里，妈妈若没能跑好，也是无法将棒交到爸爸手里的。即便交到了爸爸手里，此时的孩子犹如没有经过系统训练的新兵上了战场，只能任人鱼肉，受到更大的伤害后还得被迫接受爸爸的训斥……

也有些爸爸带孩子，起的作用还是充当孩子心理的"妈妈"这个角色，能不能及时给孩子积极的回应，懂孩子的心理，帮孩子认识这个充满新奇的和恐惧的陌生世界，当孩子感受到爱的支持的时候，获得的信念是自己是被这个世界欢迎的，从而敢于去探索。

爸爸带着在妈妈那里得到充足的爱与养分的孩子出去闯世界，实践所学习到的各种技能，历经风雨的考验，获得在社会中生存的基础与能力。

孩子最信任的是妈妈

无论男孩女孩，都渴望妈妈是第一知心人。

第一声啼哭

第一口吃奶

第一次说话

第一次走路

第一次认字

第一次打架

第一次化妆

第一次抽烟

第一次恋爱

第一次……

可不知从何时起，突然发现，孩子不再第一时间看到你拉着你说："妈妈，我告诉你噢，妈妈，你知道吗……"叽叽喳喳地说这说那了。这些信号你看到了吗？引起你的重视了吗？是不是该静下心来问一问自己究竟哪里出了问题？

在孩子的教育上，妈妈一定是最有话语权的那个人。如果失去了这份主导权，被老公、公公、婆婆甚至其他人取代的时候，妈妈最需要做的是先停下脚步，去观一观那份初心，看一看孩子的现状，这真的是你想要的吗？若不是，你是否愿意通过学习让自己变回当初那个孩子心里最喜欢的妈妈？

我的观点向来是，终止对错的评判，孩子的成长不是激烈的辩论赛。

每一个家庭成员都有自己的三观、认知和教育理念，有冲突是必然的。但重点从来都不是谁占上风谁就是对的，而是角色扮演的分工协作，谁真的能站在孩子的角度，处理孩子的烦恼、学习、沟通等问题，给孩子营造一个让他成长为更完整、健康、幸福、快乐的家庭氛围。

掌握孩子"说明书"的那个人一定是最有孩子教育话语权的人，妈妈课会帮助大家解锁这份说明书。

妈妈之所以是这个部分的核心原动力，是因为母爱拥有无限的潜能。一旦孩子出现了问题，所有的家人会第一时间寄希望于妈妈，觉得在孩子的心里妈妈依然是那个最安全、最温暖的避风港。

母子连心，妈妈是最熟悉、最了解孩子的人，妈妈不仅仅是孩子的养育者，更是孩子心理成熟、情感成熟等的引导者。

对于女人而言，养育孩子是人生中又一次蜕变的过程，等同于二次生命的构建。在陪伴孩子长大的心路历程中，曾经自己的成长过程中原生家庭带来的伤痛也会被激发出来，痛并被治愈着。

因此，妈妈们要不断学习和自我成长，通过学习增长了智慧、看懂了自己，就如同行云流水般温润着孩子的心灵。

智慧妈妈教育出来的孩子只做最好的自己，智慧妈妈的行为举止渐渐影响着家庭中的每个人，胜过千言万语。

当你温润如玉的智慧引导着孩子一天天变好，家人自然会信服并跟随你的步伐往前走，主动学习你的教育理念与观点。化争议为合力，共同创造一个适合孩子成长的环境，允许孩子个性与共性充分融合发展。

当你拥有智慧的力量时，全世界都会为你让路。

家庭关系经营奥秘

家庭关系不平衡是件麻烦事。那么，夫妻关系、亲子关系等如何平衡才能给孩子成长创造良好氛围呢？

夫妻关系一定是家庭关系中最核心的关系，必须放在第一位来经营。

但初为人母的妈妈们往往会在不知不觉中，将重心完全转移到孩子身上而忽视了孩子爸爸，渐渐地，夫妻关系原有的平衡被打破了。男人在成熟度上本就晚于女人，那么孩子爸爸一定会吃孩子的醋，特别是在刚有孩子的时候，男人们一时之间无法适应自己的位置突然被降低。虽然心疼你带孩子辛苦但嘴上不会说，即使说了听起来也是"醋意"甚浓，其实心理活动是你怎么只关注孩子很少关注我了呢？

妈妈们坐完月子身体逐渐恢复之后，要第一时间重拾起于孩子爸爸而言久违的二人世界。夫妻俩无论每天工作多忙、照顾宝宝多累，都得空出 1 到 2 个小时两个人独处的时间，哪怕只是相拥而坐一句话不说。每周还可以再安排一个固定的、只属于你俩的半天甜蜜时光，谈心聊天、逛街吃饭、看电影等，但此时此刻只属于你们两个不被任何人或事打扰的二人世界。

若夫妻关系出了状况，亲子关系、婆媳关系等家庭中的小问题都会演变成一个又一个越来越难解的结，那么第一个被殃及的就是无辜的孩子。本来孩子是家庭关系的黏合剂，是夫妻关系的润滑油，突然因为大人们没有及时调整的心态和状态，孩子被动地由特别角色变成了主要角色，夫妻关系的平衡被打乱了，正剧演成了反转剧。孩子会第一时间察觉到父母之间的变化，也会觉得不适应。他们会用不好好学习、下床气、睡觉难、不吃饭、拖拉磨蹭等各种状况来表达他们的不适应。

如果看不到根源所在，仅仅想方设法针对表象（学习、吃饭、睡觉等）进行纠正，你会发现短期可能会有改变，可是时间一长反而会出现更多你根本始料未及的状况。

孩子会牺牲自己，拯救父母的关系，会将父母不相爱了归因为自己的错，表现出与年龄完全不符的成熟度，变成了小大人。

有些父母甚至误以为自己的孩子比别人家的聪慧、懂事。相反的，面对孩子早熟反而要更加重视，并不是第一时间去调整、改变教育孩子的方式，而是从自身找出真正的原因，先调整和改变自己的心态。

要正视问题的关键所在——夫妻关系的失衡。如果夫妻关系失去了平衡，一定会导致亲子关系的崩塌。不去修复夫妻关系，反而努力调整孩子的状态，基本不会达到你们的心理预期。

最怕的状况是妈妈们继续无视夫妻关系的失衡，继续转移全部的重心到孩子身上，把本属于孩子的人生当作自己未完成的梦想去延续，理所当然地当成自己人生的续集。以爱之名，把自己的各种想法与意愿强加给孩子，非要孩子活成妈妈想要的人生轨迹。

看似是我们不想让孩子继续走我们走过的路，避免受到伤害，实际是我们对我们的父母在教育上的无法认同，因为我们的父母也没有给我们机会允许我们做自己。

不幸的是，无形中我们一样延续了这样的剥夺，也没有允许孩子做最好的自己，而是做我们以为的最好的孩子。

俗话说："爹尿尿一窝，娘尿尿三代。"妈妈在整个家庭中起承上启下的重要作用，一个内心坚定、温润、平和的妈妈自然能培养出一个心理健康的孩子。反之，可想而知。

妈妈更是爸爸与孩子之间的纽带，男人带孩子习惯性地把孩子当作大人，不顾及孩子的心理感受，孩子则因此和爸爸怄气或者害怕与爸爸亲密。妈妈则要手把手地教会爸爸观察孩子的心里在想什么，如何换尿布、冲奶粉、辅导学习、陪孩子玩、哄孩子，等等，妈妈要及时安抚孩子在爸爸那里碰壁时出现的各种委屈与情绪，更智慧顺畅地帮助爸爸和孩子连接在一起。

关系是面对自己的功课

人成熟的标志是愿意面对自己，并且能为自己的言行负责。特别是使心里的想法与行为一致，能为自己的情绪负责，陪伴好自己。

教育最重要的事情，是教会孩子为自己负责任，无论是经历风雨后的彩虹还是受伤失落后的感悟，都是孩子生命旅途中的必经之路，是成长必须经历的痛。作为妈妈，无论孩子遇到什么事情都要站在他们身边，给予他们适当的鼓励，给予他们一颗肯定、包容、温暖、坚定的心。

关系层面出现了问题，一定要先看到自己身上出现的问题。我做咨询与培训这些年的经验是，如果一开口就是孩子、老公、婆婆等的问题，这无助问题的解决。相反，若先从自己身上看到症结所在，那么很多外在的因素，比如老公、孩子、婆婆等问题都会迎刃而解。即使现在能力修为不够，解决起来比较费力，但不用怕，因为我们已经开始愿意面对内心深处的自己了。

心态平和而坚定了，方法技巧才能入门。那些曾经看起来像是缺少方法和技巧的东西，反射出的更多的其实是自己心态已经失衡。

妈妈们觉得委屈，总会疑惑为什么责任都在我呢？然而换作老公或者孩子找到我，我同样会和他们这么说。责任不是蛋糕，没办法公平划分，也许你只占了 1% 的责任，但当你一直关注着对方为什么不去承担责任的时候，你就会不自觉地放大自己承担的部分，以为高达 99%，关注他人而离开自己就会失去力量。

我曾经接到过夫妻关系方面的咨询，听到的大部分开场白是："万老师，我老公有太多问题。"渴求从我这里得到权威意见的力挺"我是对的"，后面才逐渐意识到其实最重要的是先调整自己再平衡关系。

任何关系中，如果把重点放在证明我是对的、他是错的，对方一定会选择远离你。

亲子关系中，孩子一定会因为压力而选择暂时不和你沟通了。问一问自己，这么努力证明"我是对的"还有意义吗？全世界都错了，就你是对的，又能如何？无论夫妻关系还是亲子关系等一系列关系，依旧徘徊在边缘地带。

当谁先学习先成长、先低头、先让步，谁就开始受益了。

爱自己是关键

愿意看书学习的妈妈们，已经明白了，先要调整的是自己，不再一味地指责、要求老公和孩子，这种努力想要更好的生活，值得表扬与提倡。

在这里教给妈妈们一个处理情绪的小诀窍：遇到事情的时候，先给自己30秒的时间冷静一下，稳住自己，关注自己的呼吸，呼吸不稳易丢失自己，调整一下呼吸，让呼吸平稳下来，照顾好自己，特别是照顾好自己的情绪。

当下情绪不好，一定要告诉孩子和家人，请他们给你一点时间静一静、理一理，等情绪平静了，再陪伴孩子。

关系的逻辑顺序是相爱的父母给予孩子优质、高效的陪伴决定了孩子心理的成熟度。心理的成熟度又决定了对应的夫妻关系延伸出的亲子关系、婆媳关系等家庭中的各种关系，环环相扣。

透过现象看本质，反观自己的心，尤其是在亲子关系中，一触及孩子的那些让我们生气崩溃的事情时，看似是我们认为的孩子不听话，实质上却是在我们的婴幼儿时期、原生家庭中，父母对我们的不允许不肯定，一个情绪叠加另一个情绪，被忽视的内心世界的创伤被再次激发，往事一幕幕浮现。这个过程也伴随着原生家庭父母的教育理念的冲突和限制，愿意正视、愿意面对就是最好的开始。

如今，已为人父母的我们，再也不必抱怨父母了，那个年代的父母也不容易。选择接受成长过程中的历练和撕裂的痛，是我们能够走到自己向往的终点并收获喜悦的唯一必经之路。

做最好的自己，尊重孩子的人生之旅，不再重蹈覆辙。做孩子眼里最受喜爱的父母，给予孩子最想要的爱和陪伴。言传身教，我们看待父母的眼睛、孝顺父母的心，孩子们会看见、会复制。

爱从来没有满分，只做当下最好的陪伴。若之前我们错了，现在坚定信念去学习改变自己都来得及。

任何关系都取决于我们爱的能力，而爱的能力恰恰是在做好自我陪伴之后才会拥有的。我想与大家分享的是，无论你有多忙，多累，每天都要有一个属于自己的时间与空间，哪怕只有几分钟，做一点自己喜欢的事情，品味一下自己的心情。照顾好自己是第一位的，孩子、老公都只是你生命中重要的一部分，只有自己才是全部。

如何处理关系

◇中国式难题——婆媳关系

在一个家庭里，如果男人成熟、稳重、有责任感、有担当且情商高，那婆媳关系想有矛盾都难。相反的，如果男人是个妈宝男，把老婆当成新"娘"，婆婆自然觉得媳妇抢了自己的儿子，矛盾不言而喻，越久越升级，两个女人争的其实只是谁当妈的权利。

一起生活过日子，因为生活习惯等不同，必然会有许多小矛盾、小摩擦。如果和婆婆之间有了摩擦和矛盾，考验的就是夫妻之间的相处技巧了。看你能不能调动你的老公，将他沟通桥梁的作用发挥到极致。有担当的男人会让生命里最重要的两个女人更好地爱自己、更和睦地相处。遇事只会往后退的男人，会让这两个女人争夺自己，坐享渔翁之利。

关系层面有个特别有意思的现象：好女嫁懒汉，好男配恶妻。当你扮演弱者的时候，一定会有人愿意做你的拯救者，反之亦然。

当我们抱怨男人多么不负责任、不爱孩子，只打游戏、忙工作不照顾孩子的时候，想一想当初你为何选择了他？现在是离还是继续？如果继续则要不断地修炼、提升自己，与教育孩子一样改变自己的互动方式，你变了，世界就变了，对任何人都一样。

◇关系的位置

与父母的关系决定了自我完整、成熟的程度，决定了如何选择对应的伴侣开始夫妻关系，还决定了养育孩子属于何种状态的亲子关系。

解决各种关系层面的问题，逻辑是婆媳／亲子／其他－夫妻－父母－自我。已经为人父母了，还有什么理由再去责怪自己的父母呢？这世上没有不爱孩子的父母，只有给错了爱的父母，自己陪伴自己成长。

◇终极关系——真正学会爱自己

负面情绪：自己都不爱自己，这个世界谁还会爱你？对爱的极度渴望有增无减，却又寄希望于向他人不停地索取，期望值越高，失望越多，最终伤害的还是自己。

所有的负面情绪都源于期望值太高：自己无法面对自己，无法承担，无助、愤怒、懊恼涌上心头，只能推卸责任、指责他人以逃避面对自己的情绪。有一种极端是，女人把自己塑造成女汉子，男人把自己塑造成超人，直到有一天女汉子与超人都累且不爱。女汉子与超人之所以看起来特别强大，是因为有一颗缺爱、缺关怀又脆弱的心。你会发现最合适的搭配一定是女汉子配软男，超人找萝莉，世间万物离不开平衡。

爱自己的前提是认识、了解自己，无条件接纳自己的所有，凡是不接受的地方，一定伴随痛苦的经历，让你明白，哦，我就是这样的。

九型人格的学习会帮助大家认清我是什么样子的，我的喜怒哀乐是怎么回事？

不要伴唱，自己唱：唱 K 的经历大家都有，不太会唱的时候就愿意跟着原唱一起唱，还会假装自己唱得特别好。离了原唱才能听见自己的声音，要面对和接受自己的声音，回归唱 K 的乐趣，即使偶尔走个调、破个音又如何？至少我可以自己唱完整首歌曲，乐在其中。

关系——走心：与自己先谈一场恋爱，这是一生的必修课。其他的关系都只是与自己内心建立连接的替代品与投影仪。配件再好，也不及原装的自己。

始终将夫妻关系放在第一位，无论女人处于什么阶段，都要好好爱自己，好好经营夫妻关系。

一个男人真正爱一个女人，会为她考虑全面、照顾周到，根本不需要女人冲锋陷阵。而女人，最大的智慧是学会好好爱自己，学会如何让这个男人好好爱你。

我是谁？如何看懂自己的情感需求？如何学好九型人格更好地经营夫妻关系？如何拥有更温暖的亲子关系？我会和九型人格一起带着你找到答案。自爱，爱人，通过九型人格看到自己和他人的内心世界。

走心三原则：凡事看自己；一定是我的错，九型人格告诉你错在哪里；走心的关系越走越顺。

没心三原则：凡事不怪我；一定是你的错，九型人格告诉我你错在哪里；没心的关系越推越远。

案例分析

自我陪伴与亲子关系

目前孩子喜欢 / 爱好的一件事情是什么？

【案例1】

在回答这个问题前，我先有了答案，然后特意再问了女儿。答案完全一致哈。目前我家女儿上小学二年级。这几天特别喜欢看《三国演义》，我之前买了《上下五千年》拼音版，她就拿着书看故事，然后喜欢跟《三国演义》有关的成语，乐不思蜀、三顾茅庐、火烧连营……天天到学校午读（老师要求中午提前20分钟到校午读），也是读三国故事。

这件事情给孩子产生了什么价值？（自己做判断或者采访孩子）

我采访了女儿：为何喜欢看《三国演义》。女儿说，因为这些故事特别有意思。他们小朋友很多也都知道，所以她也要学。（语文老师每天上课，都会让一个小朋友来讲成语，其中草船借箭、乐不思蜀等都是小朋友在课堂上讲过的成语）

你接受还是不接受孩子的这个喜欢？

当然接受。我的做法是，买《三国演义》儿童读本，《上下五千年》里涉及三国的内容太少了。另外，上周六家庭日孩子要去图书馆，她看上了华容道游戏，我就买了华容道让她玩。另外，我们约好晚上作业完成后，可以玩火烧连营的搭积木游戏。女儿今天第一次说："妈妈，我喜欢语文。"我真的很开心。

孩子爸爸的态度呢?

孩子爸爸很高兴,我们一家人开始研究三国。早餐时也谈道,到底关羽被谁杀死的,火烧连营是怎么回事。一家人其乐融融,感觉很好!

【解读】这份作业,做到了从玩到学习,可以说是玩的"3.0版本"。

客观来说,目前很多人还需要通过陪孩子玩来解决情感连接问题,至于学习,暂时还有点距离,先不着急,跟着节奏一点点来,玩起来是第一位的。

学习一定不是只有书本知识,还有我们身边的生活,只有培养孩子对周围的生活产生了好奇心、对生命产生热情,才有基础培养孩子学习的热情。

【延展说一下,妈妈课里有很多有趣的故事,有你的温暖陪伴,还有我们的游戏互动】

孩子一个点的喜欢,背后至少有十个点甚至更多点的互动。

在这样的家庭互动氛围里,孩子可以充分地碰撞,会增加更多的对知识、对生活的热爱与向往。

这里建议再增加一些趣味性,做一些戏剧表演的游戏,如华容道关羽义释曹操,妈妈、爸爸与孩子分别扮演关羽、曹操的角色,带领孩子体会故事中人物的内心世界,体会情节的发生发展。

让孩子感受到,艺术学习来源于生活。

孩子有了这个体验,再讨论关羽为什么会放曹操,如果是你会怎么做,生活中其他类似的情景也可以拿进来讨论。

这样从内和外两个不同的维度,陪伴孩子去认识、去体验、去提炼、去加工。

【案例2】

家里有一个冰箱包装箱，快6年了，一直是他的宝贝，每次钻进去玩都像过节似的，乐得不行，在里边搭积木、打枪，我们跟他一起疯，也很开心，有一次我们甚至把饭菜端进去，在里边吃了一顿饭，美美地享受了一下山洞野餐的感觉。他爸爸和我一样，从不反对，都是一起疯玩。

【解读】这位妈妈做的很赞，孩子的游戏是各种情景的模拟与体验。

谁不想看更多的世界呢，如果满足不了，用这些替代的方式也挺好。

我们会发现孩子非常喜欢箱子、衣柜等这些小空间，其实这与孩子的自我感有关，是"我"能够完全掌控与感知的。

如同大家觉得在自己车里待着，比在家里待着更舒服。

【案例3】

孩子目前最爱好的就是玩手机游戏，游戏的内容是"我的世界"和解谜游戏！我问他在游戏世界里获得了或者学到了什么？孩子回答我说在"我的世界"里学会怎么生存！解谜游戏需要仔细观察，获得线索，不能错过任何一个细节，需要动脑筋。我对孩子的这个爱好不反对，反而我觉得会玩的孩子也更会学习，学习得更好！就是要把握好一个尺度，和孩子约定好时间！孩子爸爸经常不在家，但他会支持我的看法！

【解读】这个玩手机游戏是在合理的范围内的。

说一下电子游戏，当孩子沉溺在电子游戏里，其实就是在寻求存在感和价值感。

游戏的设计，基本上每分钟都会对你的行为进行一个反馈，都有奖励，过一个阶段又会有一个任务刺激让你挑战。

其实这与婴儿的心理需求是一致的，渴望能够得到及时回应，每个呼吸、每个哭声都能得到妈妈的及时回应，通过这些回应确认自己在这个世界是存在的、安全的。

所以在爱的氛围中浸泡的孩子，对电子游戏很难痴迷上瘾，会玩，也会通宵，但是会节制，知道这不是全部。

如果成年人游戏成瘾，归根结底也是成长的过程中受关爱不足，借着游戏爆发而已。早些年大家把游戏成瘾归为心理疾病，还有专门的治疗机构。

没有家庭温暖的参与，那些治疗很难有效果，问题压根不在那里。

如果孩子现在玩游戏比较厉害，各位妈妈则要想一想自己给孩子的陪伴与回应的质量如何。

如何重新走进孩子的内心世界，先从了解孩子的游戏开始吧。

【案例4】

4岁小男孩，目前喜欢的事情是榨果汁（他的原话），无论在家里或者在街上看见榨果汁，他都非常开心，还要停下来看，其实他不是太喜欢喝，而是非常喜欢动手做，看着机器在不停地转动，还能拆装机器。我和孩子爸都能接受，只是跟他说穿短袖衣服的时候才能拿出来弄（天气太冷喝了怕他身体受不了），他也接受这个规定。说到价值，可能会对他的动手能力、观察力有所锻炼，现在他可以自己动手做果汁，拆机、洗机、装机，他都能准确完成。

【解读】这也是一个热爱技术的孩子，同上例一致，是一个观察分析能力比较强的孩子。

这位妈妈对孩子爱好的细节处理得比较赞。

建议大家对孩子的爱好采取积极的态度，同时划出合理的范围，保证孩子的安全就好。

最后我有个倡议，各位妈妈根据您与您家庭的状况，每天、每周、每月抽出一些时间，作为家庭或者亲子的快乐时光。

1. 不受打扰的独立时间与空间；【与孩子约定好时间空间，如果这次不尽兴下次继续，或者彼此商议延时】

2. 妈妈放下身份，也做个孩子，与孩子互动；【爸爸或者其他人要参与一样要放下身份做个孩子】

3. 引导孩子，游戏中教会孩子；【适当地做一些表演】

4. 疯得欢，忘记了时间；【增加身体接触，如挠痒痒等】

5. 孩子感受到爱的陪伴、流动感；【放开地笑与闹】

哪怕每天只有几分钟，一周只能抽出一点时间，哪怕你与孩子不在一起，空间也不能阻碍你与孩子爱的流动。在微信里、电话里也可以一起发明创造这种陪伴式交流、互动的美好。

如果你与孩子暂时还进入不了这种状态，也不着急一下子就开始，先从周末游乐场、公园游玩开始，慢慢地建立信任。其实孩子也在等待这份陪伴、这份快乐与爱的流动。

【案例 5】

我最近和孩子相处的时间较多，发觉孩子的要求真的很简单，只要愿意陪她，不管做什么她都会很开心。就算是写作业的时候，陪着她，有些题她明明会，还是会问我怎么做，然后提示了她，她故意跟我反着说答案，就是那种得意忘形、忘乎所以的感觉。我观察了，只要我们愿意陪在她身边，不管学习还是玩，她都是很乐意、很开心的。孩子的快乐其实很简单，只要爸爸妈妈陪在她身边。

【解读】孩子渴望的是爸爸妈妈能做她的玩伴和朋友，这个阶段的孩子心理还处在寻求安全感的阶段，会找各种理由和父母腻在一起，所以要求现阶段的孩子做三岁以后的事情，会显得有点不适应。

在妈妈这边得到的温暖还不够的情况下，对外界环境的适应也是没有那么顺利的，建议妈妈干脆抽一点时间陪孩子玩玩，不仅仅是学习上的陪伴，带孩子一起做点家务也行。

【案例 6】

最近陪孩子玩得最开心的一次是上个周末逃班带他去划船看海鸥，孩子超级喜欢水，喜欢湖或者溪流或者池塘。他假装自己是海盗船船长，让我假装水手。他发号命令，我就执行命令。一起喂鱼、喂海鸥，孩子会高兴地学海鸥叫，回家了会表演给爷爷奶奶看，如海鸥多么肥、怎么叫、他怎样开船。只要周末能回家陪他，都会带着他去大理大学玩或者去摘草莓等，他喜欢亲近自然，喜欢去野餐。周末有时间陪他他都超级高兴啊。

【解读】孩子都喜欢亲近大自然，这是我们人类适应环境的本能，孩子对大自然的各种现象比较好奇，也对自己能够认识并学会认识大自然觉得更有成就感，这种成就感等于他的生存技能包里又多了一项技能，所以孩子会向爷爷奶奶炫耀。

孩子成长中取得了成就喜欢炫耀、被夸奖，也是因为孩子想以此证明他长大了，有了这个社会的生存资格，每个人都想成为被社会欢迎、认可的人。

这位妈妈陪伴的方式很赞，放松了陪孩子玩。

【案例7】

自从孩子出生，我很少陪她玩，大动作的玩耍她和爸爸进行得多，比如去游乐场啊，出去踢球、跑步、探险等。我和孩子在一起，会进行一些相对安静的游戏。

最近临近期末，孩子作业不算多，主要集中在复习，平时也不揪着她学习，只要完成老师布置的作业就好了，她学习也没有大问题，学校教授的知识她都能掌握。

昨晚躺在床上，突然想到一个数学游戏，复习了现阶段孩子的学校教学任务：20以内的加减法。

我说一组算式，要她也说一组，加减法都可以，不过得数要和我的算式的一样。

"好啊，咱们来吧！"她觉得很新鲜。

妈："那我来了啊！8+7！"

果："8+7……（默默在数数）……5+10。"

妈："嗯，不错，我又要说了啊，我想想啊，我还说8+7！"

果:"7+8，因为反过来也是一样的！"

妈:"嗯，7+8啊，厉害！那我再说了啊，8+7，还是8+7！"

果:"还是7+8啊，嗯，6+9因为前面减一个，后面加一个，效果是一样的！"

妈:"哎哟，不错啊，越来越快了啊！那我再想一个啊！还是8+7，哈哈！"

果:"哎哟，还是8+7呀，5+10，嗯，好像说过了，我就是把前一个减一个，后面一个加一个。4+11……"

妈:"对呢！你说的没错！"

……

就这样躺在床上，临睡前做了这样一个突发奇想出来的游戏，把20以内加减法不熟练的数字玩了一遍，她很兴奋。

9:30我开始看手机了，她喊来了爸爸，讲了一段故事，一夜睡得挺好。

我会不时地想到一些在她看来有点新奇的小游戏和她玩，熟悉了游戏规则之后，兴奋劲儿过了，就不玩了，再遇到新鲜的，会再玩。她爱看书，画画，做点小手工，给她一些空间、支持和陪伴她就满足，再有一些赞赏的话，就完美。动静结合吧，妈妈和爸爸的陪伴穿插给她。

【解读】这个妈妈的方式升级啦，把陪伴游戏与学习结合起来了。这种方式建议对幼儿园和刚入学的孩子多采用一下。当然前提是之前你陪孩子玩的足够多，孩子信任你作为他们的朋友、玩伴，这样的方式更容易培养孩子对学习的兴趣，更容易培养孩子独立学习的能力。

偏文静的方式也是脑区妈妈喜欢的，放得更开一些陪孩子疯闹是脑区妈妈欠缺的。

【案例8】

昨天和老师语音聊天后，才发现我认为的和孩子的想法相差还是蛮大的。就拿玩游戏来说，我觉得应该是陪他做手工更能让他开心，老师和他聊天后才知道他更喜欢玩撞车的游戏。撞车的游戏就是我和孩子先用积木搭一些很高的建筑，然后每人选一辆小车子，退到规定的线以外，轮流用小车去撞搭好的建筑。谁先撞倒谁就赢了。撞倒后又继续搭，然后再撞，一直重复。这种游戏我们每个星期玩2~3次，但每次玩的时间不长，也就一二十分钟。基本都是利用吃完饭休息一会儿的时间。每次都是我定下玩多长时间，陪他玩的时候脑子里还在想他的作业和学习的事。时间到了的时候他就磨蹭，不愿停下来。现在开始我要学着把主动权交给他，否则我又会担心他玩的时间太长，学习怎么办。

【解读】这个妈妈暂时就做不到成为孩子的玩伴，对孩子的了解和把握性就不够，教育孩子很容易变成教训孩子。玩其实没有目的和意义，刚刚说的升级的方式也是建立在放开放松了之后。其实妈妈在陪孩子玩之前，心里已经有了一个假设，什么样的方式会有什么效果，一旦有了先入为主、带有目的性的诉求，就不太容易感受到孩子的开心。我们先去观察了解孩子喜欢的是什么。孩子总是在折腾某个东西，基本上也就是最近他喜欢玩的，这时你参与进去，作为孩子游戏的小助手，再成为游戏中的一部分，成为其中的一个角色，自然地就和孩子有更多的互动与交流了。玩不是主要目标，而是通过和孩子一起玩，更多地了解孩子、认识孩子，加深与孩子的情感连接，这样你教育孩子的时候才有针对性、更有把握。

【案例 9】

我和孩子最开心的时刻是在放学路上，其实我很喜欢接他放学，因为这段时间，我们可以好好说话，主要是他可以好好地和我说话，我还可以逗他玩。其他时间我们也有开心地一起玩的时候，但是到最后孩子控制不住自己的情绪，都是不愉快的结束。

【解读】孩子这个时候需要妈妈给予温暖，只要妈妈陪着，玩啥都行。孩子经常说话不算话，忘了承诺和时间，控制不了自己的情绪。这种情况很正常。孩子对自己和环境的认识都是比较感性的、片面的，人的成长过程也就是从感性逐渐变得理性，从无所顾忌到知道有所限制。很多妈妈一有机会就要教育孩子要遵守时间观念啦、承诺啦，要控制情绪啦，实际上当要结束一件事或某种情绪的时候，以一些孩子式的游戏的方式结束就好了，不要那么直接和生硬。

比如在陪孩子下棋前说好了三局，到了第三局孩子还想玩，可以说："你个小赖皮，是不是想让妈妈多陪你一会儿？妈妈好开心啊，来，宝贝，妈妈亲一个，不过我们说好了三局，要是不服气我们下次再玩吧。"当然前提是你对孩子当下的情绪有把握，能引导好，总之不要用说教的、强硬的方式来结束。

所以，妈妈有一颗童心才是陪伴孩子的基础。

【案例 10】

我和两个宝宝在一起玩的时候大部分是假期，最近的一次是圣诞节。我们在宾馆里玩了枕头大战，非常开心。由于是"动作片"，所以没什么对话。虽然偶尔有点小的事故，但是大宝还是能挺过去。这

样玩了一个小时。然后去公园里玩国际象棋，那国际象棋有一人高，需要些力气把它们搬来搬去，但是大宝和弟弟两个人都很开心，我在旁边当裁判，听着大宝边下棋边教弟弟招数，主要是说里面的漏洞，我一般不会打断大宝，除非大宝非常暴躁时。这又玩了一个小时。回来后继续在宾馆里玩了半个多小时的枕头大战，精疲力竭后才去找饭馆吃饭。这是我们玩得最开心的一次，也是最久的一次。

【解读】这个妈妈的案例给大家做参考，放松下来，没有语言的交流，依然有快乐的流动与陪伴。

腊腊　10岁

音希　10岁

第二章
亲子关系与亲子教育

先有亲子关系，
再有亲子教育，
有爱才有了生命，
才有成长与发展。

亲子关系是亲子教育的基础

很多父母教育孩子有一个误区，就是在重视对孩子教育的过程中，忽视了孩子本身以及和孩子保持良好的关系。其实，在保持良好关系基础上的教育才有意义，才容易收到效果。其实，"关系大于教育，关系先于教育"，如果发现孩子有问题，必先改善亲子关系。父母对于孩子的影响最直接，如果没有亲子关系做基础，孩子对父母不信任，甚至是拒绝的，教育便无从谈起。

英国的科学家团队，做了一个长达 70 年的科学研究。跟踪调查了成千上万的孩子，发现了令人沮丧的结论：家庭的影响比我们想象得更大，家庭关系的好坏决定孩子未来的人生道路。父母如果没有处理好与孩子的关系，对孩子来说，可能是一种持续创伤。

若父母缺乏对孩子成长正确引导的技能，未能给予孩子合适的关爱与关注，未能看到和听到他们的感受，孩子身心成长就会有缺憾，并会产生持续影响。

"家是讲情的地方，不是讲理的地方。"教育固然很重要，但对孩子的人格发育来说，更为重要的是与父母亲密关系的建立。

父母按照自己的经验要求孩子固然是好心，但如果忽视了孩子的接受程度，从心理上很可能会拉开父母与孩子的距离。

想要改善亲子关系不是去讨好孩子、一味地认同他，而是要把孩子需要解决的问题和父母与孩子的亲密关系分开，比如学习和亲密关系是两回事，永远不要说："你不好好学习就不是我的儿子。"要知道，孩子身上的很多问题，表达的都是孩子对父母的愤怒。他们面对父母是弱势的，所以借助问题表达渴望被父母关爱与关注。

案例分析

【案例1】

我觉得我现在的心态是处于接受状态。我家两个孩子，我对小儿子接受的心态保持的比较好，如果他做了什么错事，我都能做到心平气和地处理问题。但是对大儿子，我做的不是很好。比如，刚刚学校老师发来期末成绩单，他语文、数学分数都是属于班级靠后的，当我看到后虽然没有发脾气，没有像之前一样指责和动手，但是心里还是有"随他吧，不想再过问他"的想法。考试结束已经两天了，这两天里他洗脸、刷牙、吃饭、写作业都需要催促，而且偷偷地玩手机游戏，虽然我尽量控制自己的情绪，但是看到、想到这些还是会生气，我付出太多，他变化太少。

【解读】这个案例里的妈妈，来咨询的时候会反复说一句话："我大儿子一点都不像我，做什么事都太磨叽。"其实是否接受孩子不是由孩子有什么表现而决定的，相反是自己内心的态度决定了孩子会有怎么样的表现。不接受孩子更多的是因为孩子让妈妈有付出却没有达到期望值的失落。所以，只能是爱，不带条件，没有如果。

【案例 2】

老婆对我说，明天她去给儿子买早饭。我说："哇，还是母爱伟大呀。我都没有这样的待遇。"儿子笑了笑。我开玩笑地对丫头说："明天爸爸去给你买早饭。"丫头也听不懂，只是回答说："好呀，好呀。"然后丫头要我抱抱，就骑到了我的大腿上搂着我。儿子看到，也凑过去抱住了妈妈。然后我亲了亲丫头。妈妈也亲了亲儿子。我说我们要交换，然后丫头就跑到妈妈怀里去了，跟妈妈亲了起来。我就见机去搂儿子，儿子躲开了我，我一把冲过去，亲了儿子一口。

【解读】案例中的儿子已经是一名初中生，对亲密关系的渴望可能会变得含蓄，但不会因为年龄的增加而减少。这样温馨的时光对家庭里的每一个成员都是滋养。

亲子关系是唯一的陪着孩子长大、又得体地退出的关系，因而陪伴与退出是贯穿始终的主题。父母与孩子又是独立的个体，孩子在心理上以为他和父母是一体的。什么时候该陪伴，什么时候该独立，节奏与时机在哪里，则是每一对亲子关系中需要学习的。

自然流畅的亲子关系，一定是在彼此尊重的前提下，以孩子意见和想法为主导、父母辅助的平衡状态。

孩子始终掌控着内心任何一个好奇、想要到达的方向，父母始终兴趣盎然地配合着孩子的节奏、给出当下最合适的调整就好。

举例来说，就如同考驾照的经历，教练会根据不同的阶段，结合理论再到实际驾驶过程中的每一个步骤，比如交通规则如何遵守、驾驶习惯如何正确地养成、对路况的预判如何更合理，等等，伴随我们直到顺利拿到驾照、完全能够自己独立驾驶为止。其实对应到亲子关系中，我们在孩子成长的过程中，只需要提供以自己的各种人生经历、经验等为蓝本的一系列人生小故事，客观地给孩子作为参考，而不是强加给孩子，让他按照我们主观的意愿去做我们想要的大大小小的调整。

在任何关系中，最重要的是懂得如何摆正自己的位置，亲子关系更是如此，我们要先从心理层面摆正自己作为一个母亲最适合的位置。

孩子自出生那刻起，与父母就是两条人生轨迹，有着千丝万缕的交集，目的却是为了走向最终平行的人生轨迹。也就是说，孩子的人生，孩子做主，父母只是那个不可或缺的参谋，是个通情达理、始终具有同理心的过来人，过来人的经验一定不是用来说服孩子按照父母的意愿去生活，而是允许孩子做自己，活成自己最想要的样子。

可是，很有意思的是，很多时候父母开口闭口以孩子为主导，实际上做着做着就忍不住以自己为主导了。

经常看到这样有趣且常见的画面：父母按照自己认为的食物营养理论，非要孩子吃这个、吃那个，看着渐渐被菜堆的越来越高的碗碟和孩子渐渐变的很是无奈的表情，有没有很强的代入感？你会不会本能地站在父母的角度，也希望孩子多吃一点？

即使孩子一再明确表示他不想吃，父母依旧坚持，依旧边说边往碗里夹菜：你吃一口，就一口，不喜欢就吐掉好不好？这个可有营养了，那个可有营养了，吃了之后会对身体有好多好处……如果孩子仍然不吃，父母会继续威逼利诱，直到孩子不情不愿吃下去为止。看吧，小到一件吃饭的事情，父母们都不放过宣示自己的主权。虽然他们的初衷是为了孩子好，虽然他们都爱孩子，可是，别忘了，也要给孩子自主选择的权利、有商量的经历，才是真正的意义上的尊重孩子也尊重自己。

父母拥有建议权，孩子拥有自主决策权；没有决策权的孩子，体会不到付出与收获、责任与承担、犯错与成长，会一直长不大，依赖心理严重，喜欢责怪别人。

【案例3】

上课期间发生个小插曲。十个小朋友分两排，儿子本来在第一排，但中间出去上个厕所，回来后别的小朋友跑到了第一排，他被挤到后面去了，他本来是想上前的，但教练说："你是第二排的。"他明显来了情绪，嘴里说了句什么（估计是说他应该是前面的，教练没听到），然后不愿跟着做了，自己扣着小手站在后面，表情也快绷不住了。我赶快跑到他身后小声跟他说："宝贝，其实站在第一排或第二排不要紧的，我知道你还想上前面，但第二排一样可以做前面一排的游戏、练习之类的呀。而且你刚才做的都可棒了，刚才助教都夸你了！加油，儿子！"我匆匆说完就跑下场了。去给他买了一瓶脉动饮料回来。后来看他状态好些了，我也放心点。回来路上我问他："刚才的事你不开心了，是吗？"他居然哭了，我没责备他，安慰他说："你心里委屈就哭一下吧，哭过之后就会好很多的。"他一直埋怨教练，我就对他说："儿子，这不是教练的错，你这样冤枉教练了。因为咱们中间上厕所去了，没有跟上节奏，后面咱们都跟上就好了，谁都不能怪。"他还是哭，我说："事情我跟你说清楚了，道理也告诉你了，你心里还不高兴就哭吧。"

【解读】案例中的妈妈把更多的心思放在了孩子的练习上面，而忽略了孩子的情绪。现实生活中，孩子会遇到很多这样的事，大部分的妈妈都会说算了，站哪儿都一样，希望能够安抚孩子的情绪。但是这是孩子的事情，孩子有权利自己作决定，而妈妈需要给予的是无条件支持。

亲子关系与亲子教育的模型

信息化时代，知识与经验的获得变得更为容易，一线城市与边远乡镇可以通过微信、微博、知乎等网络获得同等信息，甚至与知名专家、学者对话的机会。这让关注家庭教育的家长，有了更多的方式方法来对待孩子的教育，同时也有了更多的焦虑。我经常遇到很多家长这样咨询：老师，我这样会不会伤害孩子的自信心？这样会不会不是民主是压制呢？

诚然，教育孩子是个系统工程，不是某个单方面的因素在起作用，是复合因素叠加的结果。那么如何才能把握其中的脉络把孩子教育好？根据多年来的实践经验，结合心理学、教育学、管理学的科学理论，我总结为两个核心因素：亲子关系与亲子教育。固然学校的教育和老师的教育也很重要，但教育的根在家庭，在于亲子教育，根深才能叶茂。这也是为何同样的老师和学校，教育出来的孩子千差万别。

亲子关系与亲子教育分为三个阶段。

第一个阶段：有连接（父母和你在一起）。这个阶段的重点在于父母与孩子彼此信任，孩子也能感觉到父母的支持与呵护，而不是指责和要求，此时父母的角色是朋友。亲子关系重在构建信任，亲子教育的重点是父母能看见孩子的情绪和感受，能够及时地共情与回应孩子。保障孩子可以敞开心扉，及时地将自己的困扰与问题反馈给父母。说到底孩子是没有独立生存能力的，他们面临更多的未知和不确定，缺乏足够的资源，需要得到他人的支持，尤其是父母的帮助。心理学家阿德勒曾说过，孩子面对成年人天然是自卑的，需要给支持的。亲子教育的重点是培养孩子的信心，面对问题不害怕、不推脱的信心，对自己说我行的信心。

　　第二个阶段：有方法（父母陪着你面对困难）。在信任构建的基础上，父母与孩子可以共同探讨遇到的困难与问题，父母也不是专家，也是第一次做父母，在很多问题上不见得有直接解决的能力，但是可以提供经验作参考，此时父母的角色是参谋，孩子自己做决策与执行。如果遇到超过彼此能力范畴的事，则由父母提供更多的资源，提供外部力量应对各种人生难题。亲子教育的重点是培养能力、学习各种解决问题的能力。

　　第三个阶段：有坚持（父母相信你可以独立做好）。当孩子有了信心，也拥有了一定的能力，则进入了有坚持的阶段。有信心与能力，不代表事情可以做成，只是人生可以向前走了，会了只是开始不是结束，完成一件事，要克服很多困难，特别是内心的不足与逃避。所谓的学霸与社会上取得成就的人，并不一定是天资聪颖的人，更多的是踏实努力、敢于拼搏的人。亲子教育的重点则是全力以赴完成目标，达成结果，磨炼性格。亲子关系中父母的角色更多的是陪伴孩子超越与突破自己。

◇有连接

什么是亲子关系中的有连接呢？父母和孩子的心是在一起的，父母能感受到孩子一个微表情、小眼神、小动作等的变化，知道意味着什么，瞬间共鸣并做出回应，孩子能感受到父母感受到了他的感受。

这是目前很多家庭亲子关系所缺失的，很多父母会说，我和孩子之间的感情非常好，就是不能提作业，孩子平时也很听话，很乖巧懂事。事实上，当孩子和你说话有所保留的时候，你需要通过其他人才能了解孩子学校发生的情况，那么，这个亲子关系信任度是不够的。此时无论你多么苦口婆心、谆谆教诲，孩子多数会当作耳旁风，听不进去，甚至会觉得烦，渐渐地，你会发现学校里的事情孩子不想和你说，到了初高中直接把房门和心门一起关上，工作成家以后报喜不报忧。

想要改善这个局面，父母需要学习的是包容和倾听，认同孩子的感受。孩子的世界是感觉的世界，比如年幼的孩子会觉得玩具、小动物都是他的朋友，如果你认同孩子说的朋友，孩子则会觉得你是理解他的，如果你用讲道理的方式告诉孩子那是玩具而不认同孩子的情绪，孩子心里感觉和你是有距离的，这份连接就变弱了。而大一些的孩子向你诉说老师、同学的情况，哪里不好、不对的时候，更多的也是在寻求父母的认同与支持，需要的是父母回应说这样的情况是挺不公平的。但这时如果你和孩子说的是：你要认真听课，不要和哪些不好好学习的孩子一起玩，孩子会觉得和你有距离。再大点的孩子，更不愿意和你说自己这个年龄段喜欢的明星、喜欢的小说与游戏，因为你的回应会让孩子觉得没劲。

孩子虽然需要帮助与支持，但更需要妈妈的倾听与理解。至于面临的问题，他们自己会想办法解决。解决不了，等他们主动向妈妈求助，妈妈再给予支持，这对孩子的成长与亲子关系的促进有非常大的帮助。

人要长大，除了吃饭喝水，让身体长大，还有心理上的长大，需要心理营养的补充，这就是父母对孩子的爱，只有被爱滋养大的孩子，心理才会长大，变得成熟、独立、有担当。而父母爱孩子的能力，又取决于其成长过程中对爱的体验有多少。

多年的辅导中，我发现父母若在民主、包容的家庭中长大，其在教育孩子中遇到困扰，调整改变的速度会非常快，也容易取得成果，因为自己得到了爱，给出爱就容易。而在严厉要求、限制比较多的家庭中，成长经历中有暴力和打骂比较多的记忆的，做出调整和改变的周期会比较长，自己拥有的爱比较少，想给孩子爱则比较难，这样的父母一般都需要更多心理咨询式的陪伴，让自己成长起来并学会爱自己，才能爱孩子，亲子关系的连接部分方可弥补，从而使得亲子关系得以改善与加强。心理学，特别是客体关系的研究表明，父母与孩子的关系培育了孩子将来独立的人格、思维方式，以及各种能力的发展，这进一步佐证了亲子关系的重要性。

 ## 案例分析

【案例1】

今天孩子一早醒来后在床上躺着玩手机，我问她早饭吃什么，见她没吭声，我说："你要么去买早点，要么自己去下水饺（昨天我俩一起包的）。"她又没吭声。到了吃早饭的时间，她让我帮她把水饺做好，我说："我早饭已经吃了，我有事，要不我帮你吃，好不好？你在那等着。"过了一会儿，我正在忙，美团外卖送饺子来给我，我当时心里扔掉的想法都有，但还是平静地将饺子放在了角落里，尽量让孩子看不见。一会儿孩子下来了，问我外卖呢？我说没有呀，没看见呀，你点外卖了？因店里有人，孩子上楼了。又过了一会儿，店里没人了，她又下来问，三番五次听到我说没看见后，孩子不相信地发怒了，我俩互怼了几句。这时候我外表平静，心里的火已控制不住，于是我到楼上阳台打扫卫生，平静一下自己，准备再去小区午休一下，临走前把水饺拿到了显眼位置，孩子听到了我的关门声，立即蹿到我面前问："水饺放在哪里了？"我指着水饺告诉她："刚刚送来，放在那，我要出门买个东西，马上回来，中午饭已经做好了。"孩子瞬间笑眯眯地拿着水饺上楼了。

【解读】案例中的妈妈对孩子点外卖有强烈的不满，但是没有直接地表达，只用回避的方式面对孩子。而亲子矛盾往往就因不够坦诚、不会好好说话而产生。走心是建立连接的第一步。

【案例2】

今天妈妈给我打电话，问我啥时候做手术（我要做一个小的微创手术）。我说下周，她给我的感觉永远在教育我，教育我做一些我不想做而她认为对的事！我知道她是为我好，也很爱我，但我就是不喜欢听！以前我会照顾她的感受，委屈自己，只要能感觉到她不愿意做的事，就不勉强！今天我说："妈，做手术我就想让你在我身边照顾我。"我把自己想要的大胆说出来，心里感觉好舒服。我把我的想法告诉她后我才明白，其实我在我妈那里一直是委屈自己的，为了照顾她的感受，明明自己需要爱，明明羡慕别人的妈怎么那么好，什么都为女儿考虑，却只是不开心、不表达。妈不知道怎么给我爱，我自己就不要！学了妈妈课以后，好多情绪都释怀了，突然觉得说出来没有那么难！

回来，看见大宝掉眼泪，小宝说："哥哥，别哭了。"我妈说："我又没说他什么，他看书半天不来吃饭，我说了他，他就哭。"我说："他心情不好，同学在学校踢他，压他了。"我妈来句："那是他没用。"我听了，赶紧打圆场："谁说的，我的宝贝可厉害了，我们也在慢慢学会保护自己，没关系，还有妈妈在，妈妈支持你。"大宝哭了，表示即使他凶，他还手打了同学，把同学打哭了，也没用，他们还是照样。还举例子说某某同学以前靠近他就抓住他的手摩擦他的私密处，大宝说他反抗，打他，可是同学还是这样，他上次都把同学打哭了。（因为我们有对大宝进行性教育，告诉他哪些地方是不可以碰的，同时要保护自己，及时告诉家人）我一听，有点生气，我说打的对，对待这样的同学说没用就得动手，同时也要告诉老师。我又问："他对其他同学也这样吗？"大宝说："是的，但是他现在没像以前那样总弄了，最近也没弄我。"我说那也不可以，妈妈过一会儿跟老师沟通一下。

【解读】中国人往往比较含蓄，大部分人不善于表达爱。很多时候我们觉得爱是理所当然的，但是说与不说带给孩子的感觉是不同的。语言是有温度的，表达爱带给孩子的那份安全感和温暖才是妈妈与孩子建立信任的基础。而爱孩子才是管孩子的基础，孩子感觉到了父母无条件的爱，才会从心底去信任妈妈做的一切都是为他好，才愿意去跟随妈妈。

◇ 有方法

有方法，指孩子在人生旅途中探索未知的世界，会遇到各种困难，比如习惯问题、学习问题、技能问题、各种为人处世的困惑，有些可能自己摸索着就过去了，还有一些则是自己搞不定的，孩子也会本能地寻求父母的帮助，从而得以继续前行。

随着时代的变革，社会对孩子的学习能力提出了更高的要求，也对父母辅导孩子的能力提出了更高的要求。无形中父母不知不觉地用自己成长的学习方法来教育辅导孩子，结果因为自己的学习理念与方法跟不上时代的发展，造成了大家在辅导孩子学习时各种鸡飞狗跳的局面的发生。

回到教育行业，我们想带给孩子不一样的学习内容，不管从主题阅读到传统文化，抑或从编程到人工智能。我们也想带给孩子不一样的学习工具，从以前的小棒、算盘到电脑、平板、云课堂甚至更多。从传统的死记硬背的学习，到如今各种新兴的智能化学习的方法与手段的进步。父母必须加强自身的学习，才能匹配得上孩子的教育，培养好孩子。

无论怎样，作为成年人，我们比孩子拥有更多解决问题的能力与经验，孩子在成长中更渴望自己有能力解决各种问题，获得成长的快乐，获得对自己人生的驾驭感。把握好自己做参谋的角色，接受我们需要不断学习成长的事实。面对我们也回答不了的问题，就教会孩子应用各种工具以及互联网等手段来解决困惑，或者利用我们的社会资源想办法帮助孩子。如果尽我们所能也未能找到答案，则陪着孩子学习把未知放在心底，不放弃自己的求索。

这个阶段对于父母的考验不仅是具备解决问题的能力，父母还要能把解决方法用孩子听得懂、理解的语言和方式表达出来。一方面有解决能力，另一方面有教育能力，这样才能解决孩子的疑问，促使孩子做起来更加坚定、认真并把这些变成自己的，不然只是被动、盲目地完成任务，并不能实现教育的目的。

 案例分析

【案例1】

  周日的时候他要去参加围棋定级比赛，这个是他一直很期待又很紧张的一件事。中午我们11点就吃完饭了，打算早点去，然后11点孩子爸去孩子姑姑家拿点东西。爸爸跟儿子也商量好了，说去姑姑家拿完东西就回来一起去，他也同意了。过了一刻钟孩子就开始很不耐烦，问爸爸什么时候回来，我说一会儿就回来了，如果你等不及了就打个电话给爸爸。儿子拿我手机给他爸爸打电话了，叫他爸爸马上回来，不允许聊天，挂完电话就在沙发上连滚带爬地说要来不及了。我说1点才开始，12点去都来得及，现在还不到11点半，他就一个劲说我骗人，长这么大我从来没有骗过他，承诺过他的东西我都办到了。我洗完碗了就去阳台晒太阳，他看我停下来了就拉着我说你现在就带我去，不等爸爸了。我不带他去，我说我今天不去，因为一开始我就说不去了，我也不认识路，爸爸马上就回来了，说不定已经到楼下了，不信我打个电话问问，他就开始发脾气了，说不信，骗人。我打电话给爸爸开了免提，爸爸说已经在楼下了，现在就上来，他听到了还是说骗人，不信，直接睡沙发上了。然后爸爸回来叫他去，他就哭着说不去了，时间来不及了，不管我俩怎么哄怎么说都在那哭着说不去。

我抱他他就跟泥鳅一样不让抱，后来把他爸惹火了就开揍了，反正就是狠狠揍了一顿，这也是他爸第一次揍他，中途还叫我帮忙，然后我也揍了一顿。后来爸爸说前面打后面就忘了，去的路上叫他坐后面好好反省反省，还不到一半路程他就又忘记了，跟之前一样开启话痨模式。

【解读】妈妈显然没有接收到孩子对围棋的重视程度，以及比赛前孩子的紧张和焦虑情绪。所以，当孩子有情绪的时候，妈妈给的安慰并没有产生作用，反而让自己和孩子之间产生了更大的矛盾。方法是建立在懂得的基础上，看到孩子的需求，才能给予最好的帮助。

【案例2】

今天背书相对之前几天没有那么顺利，因为孩子中午就对我说："今天的课文好难，我背不下来。"孩子先是自己背了几遍，然后让我帮她检查一遍，背的还行。为了避免她紧张，我说："妈妈去打扫卫生，你自己在教室里录，录好后出来找妈妈。"但当我把教室都打扫好时，孩子还是没有出来，我心里就有预感，她今天背书不顺利了！于是，我悄悄地站在教室门口，就听到了里面有撤回的声音。我一进去，孩子就抱着我哭了，我什么也没说，就拍了拍她的背，让她哭了一会儿。她说："我还是背不熟。"我说："那你是先背给妈妈听一遍还是自己录给自己听？"孩子说："我想录给妈妈听下！"我说："可以啊！"孩子背了几遍我指导了一下，比之前好了很多。我说："今天是妈妈帮你录还是你自己录？"孩子说："我想让妈妈帮我录，我离远点，这样我就不紧张了。"我说："好的，你怎样舒服就怎样录。"其间，也有过撤回，但孩子都能接受，状态整体也不错，并不像以前那样紧张了。不一会儿，就录好了，前后大约40分钟。虽然时间有点长了，但整个过程中孩子的焦虑情绪减少了很多。我不焦虑了，她也就好了很多。

【解读】很多时候，我们作为成年人会觉得这件事情很简单，孩子应该会。但是忘了我们在成长过程中，已经做了千百次的练习。蹲下身体，和孩子一起看世界，才能看到孩子的困难。案例中，孩子和妈妈有了信任的基础，孩子才能在妈妈面前放心地发泄情绪，因为孩子知道妈妈会给予支持而不是批评。而妈妈也发现了孩子的困难在哪儿，并且给予孩子帮助和指导，最终完成了背诵。

◇ 有坚持

亲子关系的第三个阶段：有坚持。到达这个阶段的前提一定是第一个阶段有连接和第二个阶段有方法一步一步过渡得都很好。

这个阶段培养的是孩子独立自主能力，也是妈妈格外关注的部分。

有了前两个阶段奠定的坚实的基础，是时候训练孩子独立的能力了，培养孩子有责任、有担当，为将来成熟地走向社会提前做准备。

教育是一场马拉松，更是一场长期的投入。特别对于学琴的家庭、从事体育特长方面的家庭，更能体会到坚持的重要性，这也是现代教育尤其重视体育成绩在录取中的比例原因所在。因为只有长期的重复的训练与投入，才能有结果的产生与提高，才能有持续不断的稳定的结果输入。说起教育自然少不了学习阶段的投入，十几年甚至更长时间的求学，能够坚持下来的，也是一路上克服很多困难与孤独的一个心性成长的过程。

有一位爸爸是这样和自己五岁的孩子说关于练习弹琴的："儿子，每次你练琴的时候，是不是内心有个声音告诉你不要弹了，好没意思？这个声音就是一个'捣蛋大魔王'，他来破坏你、干扰你，也来考验你，我们要不要让他的计谋达成呢？我们要不要一起打败他？"孩子很认真地点点头。"爸爸心里其实也有一个'捣蛋大魔王'，工作累了，也不想工作，每次他来捣乱你知道爸爸是怎么做的吗？爸爸内心告诉自己不能被他打败。我们一起战胜'捣蛋大魔王'好不好？"从此以后孩子练琴懈怠，父子二人就用"捣蛋大魔王"对话，不仅给枯燥的练琴时光增加了乐趣，也促进了亲子关系的发展。

有坚持不仅仅是对孩子的要求，也是父母对于自己的要求，教育孩子方法有很多，最重要的一条则是言传身教，以身作则。这是管理学里的定律，领导以身作则是最好的落实规章制度的手段。

坚持不仅仅是对孩子的，更是对父母的，任何主张都会回归平淡日常，父母所坚持不了的，孩子也坚持不了，孩子的成长中会不断挑战父母的底线，触碰你不愿意面对的内心，毕竟大家都是普通人，有懦弱、胆小、贪心、懒惰等性格的不足，所谓陪孩子长大、陪自己完善就是完善这些，性格慢慢变得完整，最后你会发现当你进步了孩子才有进步，你有坚持孩子才会坚持，你放弃，孩子就会放弃。父母永远走在孩子的前面。孩子更关注的是你怎么做，而不是你怎么说。

案例分析

【案例1】

中午小宝不好好吃饭，又是边吃边玩，吃到一半小姐姐来家里了，他便去找小姐姐玩了，反复提醒也不出来，大宝说："你快吃完跟哥哥一起去超市买乐高，没吃完就不可以去哦。"我也不叫了，直接把他的饭吃完了，等出来后，我告诉他："你因为没吃完饭就离开座位了，所以不能喝牛奶，也不能跟哥哥去超市了。"哥哥准备出门时小宝要跟着，哥哥不同意。小宝开始抱着我的大腿哭，后来我抱着他，他哭了很久，哥哥都回来了，我说："你现在还要出去吗？"他说要，"出去了我一会儿可不给你开门了啊！你想好哦。"他说要出去，我再次确认，还是要出去。

我抱着小宝擦擦脸，准备睡觉，但不能喝牛奶这个事，我坚持着，抱着他让他躺在我怀里哭，边哭边说要"泡牛牛"，我说不可以，宝贝没好好吃饭。哭着哭着睡着了，一会儿醒了又哭，折腾了很久，最终睡了。晚上哥哥在喝奶，小宝也要喝，我说要喝牛奶，怎么办呢？是不是因为宝贝中午没好好吃饭，所以不能喝呀。答：是的。我又问以后吃饭要怎么样呀？答：好好坐着。问还能没吃完就离开座位去玩不？答：不能。问还能吃饭时玩玩具不？答：不能。我说："好的，妈妈给泡，那我们说好了，如果以后又这样，那还是像今天这样不能喝牛奶哦。"答：好的。

【解读】面对小点儿的孩子，妈妈特别容易丧失原则。妈妈会为自己的行为找很多借口，比如，孩子还小不懂事、身体最重要、老人舍不得……但是教育从出生的那刻起就开始了，无论以什么样的理由，孩子看到的都是他这种行为是被允许的。更何况，因为一顿饭让孩子哭上一中午在别人看来这简直是恶妈的行为。但是这一顿饭不仅仅是一顿饭，它代表的是妈妈的教育原则，是让孩子认识界限的载体。妈妈坚持住了，孩子晚上的时候就懂得了哭闹不能达到目的，会记住吃饭的规则；如果妈妈没有坚持住，孩子下次可能会哭一天来达到自己的目的。

【案例2】

上午小宝起来问，吃过饭可以看《山姆消防车》吗？我说不可以，因为你昨天多看了一集。他说可以。我说："不行哦，你按我们约定好的规则，看两集就关了，今天就可以看呀，但是宝贝没关呀。"吃过早饭又问学呱呱英语可以吗？他拿来平板，我把平板放起来，说："不行哦，昨天多看了一集动画片。"他哼唧了几声，说可以嘛，我说不行。这家伙就走开了。中午哥哥回来了说他要学呱呱英语，我嘘了一声，轻声说："可以，但弟弟不可以，因为他昨天多看了一集动画片。"哥哥还帮弟弟说情："他只多看了一集，今天还能看一集呀。"我说不可以。孩子爸也说多看了有惩罚呀，所以不能看了。吃过饭，哥哥悄悄拿着平板进书房学英语了，弟弟紧跟其后想进去，被关在了门外，难过了。我故意问："宝贝，怎么了？"小宝委屈地说哥哥不让他进去，我说："因为你今天不能看呀，所以哥哥才不让你进去的。"他扒在门那儿难过着，还一边拿东西敲门。

【解读】孩子无节制地看电视、玩手机一直都是父母的头号难题。而且孩子特别会抓住时机，总会在你忙的顾不上他的时候来磨，可能父母一不小心就随口答应了孩子。而这往往就是孩子喜欢磨你的原因。案例中的妈妈面对孩子一再的请求就非常有原则，不给看就是不给看，哪怕是为了学习也不可以打破规则。孩子看到毫无漏洞可寻，也不会再费心思寻找漏洞，这样的规则才更有约束力。

小小　8岁

小小　8岁

王采奕　9岁

第三章
性格的基础知识

爱是看到你和我的不同，
并接受这份不同。

九型人格与教育

现在及未来的教育更为看重的是一个人的独立思考能力、创造能力。因为一个"要我学"与"我要学"的孩子，对待未来的工作、人生态度也和如今对待学习的心态是一样的。人是千变万化的，如何才能在教育孩子的过程中发现和挖掘孩子的天赋，调动孩子的积极主动性？在多年的教学生涯中，我找到了九型人格这个识人、用人的工具，并在教学辅导实践中取得了可喜的成绩。九型人格的理论、工具与方法，应用在寻找一个孩子的内驱力、学习和生活的主动性上有着显著的优势与效果。相比较其他的理论与工具，九型人格用于分析孩子的性格特征、找对性格类型，再根据性格类型很容易找到对应的教育方法，并取得教育成效。

心理学的学习，不是为描述现象，而是为寻找本质，所以心理学的学习，对于大众来说是有门槛的，九型人格的学习和应用也是如此。如果只去记忆九型人格的型号特征会很容易学习和掌握，但这会失去对性格的精准判断，而不涉及型号特征的九型人格的学习又会让人摸不着头脑。因此，我在教学中对九型人格的传统理论与方法做了改良，总结了日常生活中一些常见的、容易区分的性格类型特征，进而对这些行为进行深入的梳理和分析，便于大家学习、理解与应用。

九型人格的三大区域与九个型号

通过性格分析可将人进行分类，分类要有标准、有定义。人虽然是复杂的、善变的，但同样可以被描述与定义，定义的核心则是——我是谁，每个人对"我是谁"的理解与认识是不同的，相同性格的人则对"我是谁"的定义趋向一致。

九型人格把人分为三个区域、九个型号。我们主要以九型人格为基础，解决家庭教育中出现的各种问题。本书在介绍不同区域的性格特点时只介绍亲子教育中有关的部分，以便读者在了解孩子、了解自己的基础上促进亲子关系。

◇三大区域

人的智慧有精神智慧、情感智慧和本能智慧三种形式。这三种智慧分别对应于人体的三个中心。

产生精神智慧的是思维的中心——大脑

产生情感智慧的是感觉的中心——心脏

产生本能智慧的是身体的中心——腹部

我们往往只习惯用其中一个中心，只习惯使用一种思维模式，只认同一个真理，其实看待世界的角度至少有九个。

下面是我总结的心、脑、腹三大区域的特点，与传统的九型人格相比更便于理解。

心中心——感觉中心：受心脏智慧中心指挥，擅长处理各种情绪感受，在意别人如何看自己，看重关系、运转速度，无论是思维、反应、行动、说话、走路等都居中一些；为人处世细腻温柔，多愁善感；比起事情，更关注当事人的情绪、感受、状态，更关注别人如何看自己。

分为2号、3号、4号；过度使用心，把别人会如何看自己当作自己的感受，对心的感受特别敏感，能直接地反应与表达，有情绪一定挂在脸上，而且一定要把情绪表达、发泄出来，给人比较"作"和矫情的感觉，很难把人和事分开。心区孩子容易因为别人的原因跟自己怄气，气得够呛，再怄死别人。

脑中心——思维中心：受大脑智慧中心指挥，擅长处理各种信息，在意逻辑、答案、科学依据；运转速度为高速，无论是思维、反应、行动、说话、走路等频率都会快一些；为人处世理性，冷静，界限分明，对事不对人，看重事情发生的前因后果，搞清楚原理，避免以后再发生类似的事情。

分为5号、6号、7号；用心的方式为隔离自己的心，用大脑的思考替代心的感受，即便生气发火也会讲道理，弄清楚前因后果；情绪不轻易表达，易逃避情绪，同时能把事情和情绪分开，脑区孩子一看哭达不到自己的目的，立马擦掉眼泪，该干吗干吗去。

腹中心——身体中心：受腹部身体智慧中心指挥，擅长处理持续性的行为，在意行动，看重实效与结果；运转速度为低速，无论是思维、反应、行动、说话、走路等都会慢一些；身体的直觉比较敏锐，在意身体的享受；为人处世直爽大气，简单直接，对事看结果，不看过程，结果好就好。

分为8号、9号、1号；用心的方式是为集体而战，把自己的心隐藏在集体的心下面，即便打架、发脾气也很少是因为个人利益而是团体规则利益等被触犯，情绪集中在身体的感受层面，俗话说"肉金贵"。腹区孩子打针像杀猪，需要几个大人一起按，说什么都没用。

学习九型人格可以更好地了解自己的心、孩子的心、他人的心，尊重他人的自我保护，做好自我防护，同时真诚地敞开自己的心扉，连接彼此，分清边界，友善处理各种关系。

但九型人格的本质是我们保护自己的心的防御体系，人与人之间的关系靠走心连接。可心太宝贵了又不能轻易敞开，需要在关系连接中适度敞开，即便在亲子关系中也是如此。

性格是保护也是限制，性格是防御体系。只是为了保护自己的心，有些防御工程做过头了变成了负担，把自己和他人隔离得太远。这时的我们需要的是在认识、了解自己的基础上，打破身上厚重的外壳，用无畏的心去迎接生活的美好或者挑战。

同时心、脑、腹不同性格的人，也是带着自己的"偏见"片面地认为世界就是自己理解的那样，单一的用心、用脑、用身体去感知外界总有一定的局限。每个人在成长的过程中都需要不断地完善与丰富自己，认识到自己的局限，认识到世界不是自己想象的那样。

性格是天生的，不会因为后天的教育与环境而改变。每个在童年时期天性得到保护的孩子在长大后都会更自然地呈现出性格原本的样子，让天赋性格发展得更好。而发展受到很多限制的孩子，在长大后会把自己真实的一面包裹得更严实，甚至看上去像是改变了自己的天性。

在教育孩子过程中，父母除了受其成长的时代因素影响，受其性格本身影响也非常大。比如两个甚至更多孩子的家庭，很多妈妈发现自己和老大沟通不畅，和老二沟通则很顺畅，爸爸可能和两个孩子又是不同的沟通状况。深入调查发现，沟通顺畅的父母和孩子多是同种性格类型，反之则是不同性格类型。

所以九型人格的学习如果只是对外在行为的观察、总结是不够的，这些表现容易受到各种环境的影响。但是如果没有对行为外在的观察、总结，又没有了依托，会导致学习无从下手。

外在的行为是内心世界的投射与反映，也是"我是谁"建立的基础，本书重点通过外在行为与内心世界的关联带领大家认识自己与孩子。

◇九大型号

型号则是区域的组合，我们天生都有心、脑、腹的元素，因为性格的特点决定了我们主要使用其中一个，间接使用另一个，还有一个向来不用。如同左右手，习惯用右手的，左手使用的则很少，这种本能的习惯是与生俱来的。

脑区：5号脑心组合、6号脑脑组合、7号脑腹组合。

心区：2号心腹组合、3号心心组合、4号心脑组合。

腹区：8号腹脑组合、9号腹腹组合、1号腹心组合。

脑区，一把手都是脑区的，所以谁当副手，最终汇报还是由一把手"脑"说了算。

心区，一把手都是心区的，所以谁当副手，最终汇报还是由一把手"心"说了算。

腹区，一把手都是腹区的，所以谁当副手，最终汇报还是由一把手"腹"说了算。

型号分类比较复杂，亲子关系中我们只需要了解三大区域即可。

如何认识九型人格

◇先三后九，先大后小

我的独门秘籍是，讲九型不讲号码，只讲区域。先确定区域，再确定号码。区域懂了，对应区域再分号码自然简单许多，比如能判断出心区，然后从2号、3号、4号里面找。如果一开始先从号码入手，那就变成从9个选项里判断选择了，三选一永远比九选一简单啊。而且，在实际应用中，了解了心、脑、腹区性格类型足以应对孩子的大多数教育状况。

◇以人为标准，而不是以书本的性格描述为标准

关于人的学问一定是变化的，从变化中寻找到不变的，抓住不变的，复杂的关系则迎刃而解；性格最容易呈现在两个方面：1.第一反应，习惯性本能地做出的第一选择。2.面对压力时的情绪爆发，也是触碰到了自己性格中想要保护的地方，不同性格要保护的地方是不同的，学习之后你会发现比如面子对于心区人很重要，脑区人对此压根无所谓，不确定的事情脑区不敢做，心区则完全相反。而彼此在意的不同，不能理解对方恰恰是矛盾的根源。

◇从"我"出发解决所有问题

把自己搞明白，认识到"我是谁"，走好第一步，建立自信，搞明白自己的喜怒哀乐、情绪起伏，这就是性格的规律与密码。

◇九型人格是关于工艺的学问

不同性格的人区域不同，如同川、粤、鲁、湘等菜系的做法不同，而用的原料就相当于我们日常看到的人的行为。只有尝到了味道，才知道菜系是不同的，深入了解一个人的内心才知道不同的行为背后的原因是不一样的。比如孩子的拖延症、注意力不集中、乱发脾气等，看起来一致，实际上心脑腹不同性格孩子的问题的产生原因不同，解决方案也不一样。所以无意中用心区的方法解决脑区孩子的问题，总是不到位，自己累孩子也累，事情还没有进展。相同性格的人分享的经验适用于相同性格的人群，反之则无效甚至会起反作用。

◇一切从自己出发

学习的重点是先弄清楚自己是什么性格类型，而不是孩子是什么性格类型，先关注自己而不是孩子。看到自己这一层，少挖一条护城河、少一点防御工程，心脑腹能量平衡多一点，则能多理解一个性格号码，多识别一些人，多处理一些事情，这是个循序渐进的过程。

同时性格也揭示了我们某些方面的不足，如果不能改善，即便有了方法和技巧，也出不了实际效果。性格的学习，不仅帮助我们了解孩子与他人，更重要的是为提升自我提供了清晰的方向和依据。

认识性格最好的老师和学生都是自己，教育孩子同样如此。方法是否合适，先问问自己，如果你都不能接受，孩子更不能接受。如果你都无法了解、认识自己的性格，更谈不上认识他人的性格了。因为，我们都是对自己最了解的人。

性格揭秘从自己出发

正所谓万事开头难，而九型人格作为一门既神秘又非常实用的学问，自然也不例外。九型人格的学习会有效地帮助我们更准确地表达内心深处的想法，让我们懂得更顺畅，自然而然地理解、包容彼此。下面解读一下关系的意义，关系是爱的艺术表现形式，爱是深深地看见、懂得与包容。这份深深地看见更是对内心深处准确地表达。学习不同人的不同性格，是从为什么里找寻出真正的原因，找寻内心世界的归属感。

在学习九型人格并将其应用到亲子关系的过程中，我们会带领大家先从不同的角度去探秘自己最真实的内心世界，再进一步学习如何客观地尊重、接受、理解与自己完全不同的他人的内心世界。

我们通常说，环境造就一个人。每个人的成长环境不同，不是每个人都能够按照自己的性格天性发展。而揭秘性格过程必须是建立在对内心世界的认知和不断深入、正确面对的基础之上的。所以我们要先从自身开始，通过各类信息的反馈感知到情绪、思维方式、处事方式等来确定自己的性格。

周围的人在前期阶段只是为我们的学习提供了素材，通过对照帮助我们逐渐了解自己，等到完全了解了自己的性格特征之后再去了解他人的性格密码。

　　本书中所用的案例分析都是以我授课中妈妈们的真实案例为蓝本，性格分析也是以妈妈们提供的素材为基础做出的分析，以此能更真实地反映每个家庭的教育状况，便利大家借鉴。

　　我的九型人格解析应用到亲子关系中就是为各位妈妈量身定制的密钥，请跟我一起去开启这扇神秘的大门。

夕窈　11 岁

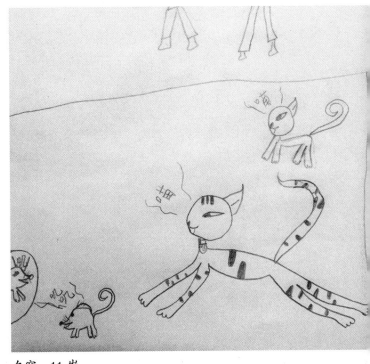

夕窈　11岁

第四章
九型人格之脑区

有一种爱，
是默默地帮助你解决问题、
减少麻烦与负担，
但你也许都不知道。

巧用习惯初步判断脑区人性格

你的手机里有多少个 APP ？

40 以下，40~100 还是 100 以上？

你关注了多少育儿公众号？每天至少会看几篇亲子教育的文章吗？

如果你在读亲子文章中遇到一个"应激障碍"名词，你是看了文章之后觉得知道怎么回事不再深究，还是依然觉得解释得不太清楚、还不是太明白，你又打开百度搜索一遍，甚至还打开知乎看一看，哪怕此时已经深夜了，花上半小时以及更多的时间搞明白这个概念，你觉得很满足才能安心休息，类似的概念性名词你在阅读的时候大体都会这样操作，还可能备注到记事本或者其他的记录软件里，将其变成自己的知识管理体系，大部分这样的知识不见得能用到，但你在心里依然觉得多学一点会很踏实，不然总觉得少点什么。

这种性格的你，是否在怀孕的时候，做了充足的时间计划，什么时间要孩子、工作生活要如何安排、对孩子未来的大事情也做了相应的规划，比如已经考虑给孩子买保险、孩子未来上学的安排、住处附近的学区房、相关的政策是否有变化等。孕期自然少不了大量阅读各种育儿书籍，同时关注各种育儿的微博大号、社区、论坛等。有不明白的就会查找答案，虽已问过一些过来人，依然会不放心，还是要自己查清楚才放心，一直到明白了是怎么回事、为什么会这样为止。

以上描述为脑区妈妈育儿的一些习惯，如果行为特征与心理动态描述均符合，你可能属于脑区性格，具体脑区性格还有哪些特征呢？为什么脑区性格的人做妈妈会有这些想法呢？这些想法是出于什么样的考虑呢？

性格决定了思维方式和行为习惯。比如玩手机的习惯，下载软件学习使用的习惯，为人处世的习惯等。通俗来讲，习惯是性格特质特有的一种表达方式，也是个性通过具体行为表现的一种形式。

脑区人天赋是用脑

脑区孩子玩游戏的能力远比同龄孩子更为出色，因为脑子好使，解决问题的能力很强，因此基本看不上同龄人玩游戏的水准，其实对应的内心活动是瞧不上别人。

脑区人的特点决定了其是玩电子游戏类的高手。游戏也是脑区人的发明，比如策略类游戏（"王者荣耀""植物大战僵尸"系列等）、积分类游戏（"自由小镇""荒岛生存"等）都是脑区人的最爱。

"我的世界"这款游戏，有着自己的设计布局和运作方式，特别适合脑区人玩，玩得好的自然也多是脑区孩子。

棋牌类同样是考验脑力运算的游戏，现实中的高手多是脑区的，以此类推，打牌赢钱多的也是脑区人占多数。说到这里，给各位对照一下，咱们的父辈里，脑区人主要的娱乐方式同样是以棋牌为主。

脑区孩子和脑区大人玩玩具或玩游戏一定会研究说明书、去论坛找各种各样的攻略、主动请教他人，以学会新招数、解决对应的新问题为乐趣。

游戏对于脑区人如同空气和水分必不可少，不玩游戏的脑区人总觉得生活缺少了点什么。

脑区妈妈对孩子的玩，也有自己的目录设定，学习或者其他妈妈关心的事情完成了，你爱怎么玩就怎么玩，如果让她对玩有支持态度，那最好是智力开发类、与学习有关的游戏。

脑区人的脑力比较强劲，逻辑能力比较强，遇到的最大的困惑是脑子烧得停不下来，如同锅炉一般，打游戏对于脑区人而言就是锅炉使用过后产生的热水，副产品而已。

脑子闲下来也会工作、运转，干脆打打游戏，看看新闻，琢磨点东西来消耗这些多余的大脑能量，达到一种平衡状态。

解读脑区人性格的核心密码

脑区人性格的内在运行模式即性格内在三部曲——目录、核算、核对：

【目录】接触新的信息：第一反应一定是要在我的已知目录范围之内。如果是，那么自动进入下一步。如果不是，立刻判断是否值得花费时间和精力去了解。

【核算】处理新信息的过程：根据已有的目录列出计划清单，不断地在已知范围内搜索最为精准的信息做匹配，进行全方位比对。核算出性价比最优的路径，目的是做出精准的计划。

【核对】接受新的信息之后：核算，选定路径之后，执行精准的计划，核对目录，逐一打勾表示完成，过程很像会计在对账。

总结：脑区的性格内在三部曲是大脑工作运行所对应的方式。

目录是脑区的核心，无论做什么事情，哪怕是生活、休闲、旅游，都必须先列个清单，做个计划或者攻略，不大接受目录之外的任何事情发生。

最有成就感的事情是：一切按照计划进行。相反的，最崩溃的事情是：不在目录清单之列，计划被打乱。

比方说，假如直接"空降"到脑区人的家里做客，对于脑区人而言绝对不是惊喜，而是惊恐。

脑区人依靠大脑来生存，所以烧脑很厉害，动作比较快，做什么都很有计划性。对信息、知识非常关注，对技术的兴趣相当浓厚，生怕错过了时下最新、最流行的科技。

生活工作中更爱学习钻研，不断扩充自己的目录，汲取养分，增加新的知识，孜孜不倦，乐此不疲。

你会惊讶地发现，脑区孩子对学识有着天生的领悟力。他们对认字特别感兴趣，无论是阅读绘本、做算术，还是积累词汇量等都超过其他性格的孩子。

从拼音、字母到文字、词组，再到数字、加减运算，你甚至都没有教过他，他竟然都学会了。

脑区人的沟通方式：采用告知的方式，你是第几项，你需要做什么，明显更理性和冷静，同时给对方一种颇为生硬、缺乏人情味的感觉。同时有点不在意场合与时机，考虑不到他人的感受。

脑区人的思路清晰，直截了当，毫不避讳你已经知道他的计划，反而很乐意让你知道他的整个计划，以便提高分工协作的效率，降低不必要的时间成本损耗。

做事情时一定会不断地演算性价比。但生活是感性的，并不是什么事情都能通过演算得到答案。算不出的地方恰恰是最让脑区人为之焦虑的部分，得不出结论，心里瞬间没底，加深了其恐惧。

比如，"双十一"计算优惠活动，满减、叠加优惠券、两件八折、三件七折，完全难不倒脑区人，他们会根据需要计算出最佳优惠方案。

脑区人的生活——睡前看新闻，关心关心时事，看看与自己行业相关的动态。关注一下国际大事的发生对我国经济社会形态有着怎样的影响，与自己的生活圈有何关系。整个流程一定要按顺序走完，都搞清楚了，"大脑进入关机环节"，心满意足地睡了。

脑区人对目录计划的依赖，是为了让生活更有秩序更有效率。生活中你会发现对于掌控之外的、不熟悉的事情，脑区人非常谨慎，甚至说话也是如此，宁愿不做不说，也怕失控，一旦熟悉的事情，目录确定了，脑区人动起来效率是最高的，因为掌握了批量快速的规律。脑区孩子在进入陌生场合、陌生环境，遇到陌生人时都有这个特点，有个先慢后快的过程，慢是超过一般人的慢，快也是超过一般人的快。

你会发现脑区孩子有对自己目录掌控的能力——有个妈妈就曾经给我留言说她家二宝2岁多，想做什么事，大人打个岔故意分散他的注意力，结果这孩子回头还是告诉大人他要做那件事。

脑区人讲话目录也是时刻都在的：有个孩子和他爸爸吵架时，爸爸生气地说他顶嘴，他也很生气地说："你先告诉我什么叫顶嘴！"

案例分析

【案例1】

前天我观察她和小朋友玩的过程，三四个小朋友一起在两面墙中间跑来跑去。其他小朋友在跑的时候，如果看到别的小朋友停下来自己也会停下来，看看怎么了，或者搂在一起笑。她呢，心里好像有自己的规则，她要第一个跑到另外一头所以还是继续跑到头，然后自己玩。到头后看到别的小朋友没过来，也不会回去看看发生了什么事。虽然表面上看一群小朋友在跑，其实她在玩的过程中，不太参与到别的小朋友队伍中，不会注意别人，而是自顾自地玩。

【解读】概括来说，这个孩子在玩的时候，预先有一个思路，玩的过程有点像和自己脑袋里的思路打交道的过程。孩子玩得快乐好像是因为她在不断地矫正自己的思路与现实结果，这个过程更多的是一种测试与研究的感觉。

再回忆下前面说的脑区妈妈学习育儿知识的路径，会发现脑区的人做妈妈也非常重视理论与思路，用生活实践去对照思路。

我总结了脑区大人与脑区孩子的共同之处，也就是上文中的性格内在三部曲，包含人的内在心理特质与外在行为结合的过程，也是循环往复的过程，便于大家快速入门，不至于迷失在行为表象里。

脑区人的认知发展规律

脑区人通常是求知欲和好奇心很强的人。

案例分析

【案例】

　　孩子很爱学习，小小的手握着我的食指，放在一个图案上示意我告诉他图案中的是什么生物【解读：学习中】，我说："龙虾。"他捏着我的手又指向另一个图案，我说："海马。"孩子就这样拉着我的手指龙虾，再指海马，反复不停地要我重复这两个水族生物，速度还越来越快。后面好像是听够了似的，开始停下来。换我开始提问："龙虾呢？"孩子小手指一指龙虾【解读：学会了，认识了，加深印象，开始复习的过程】。我说："海马呢？"孩子小手又指向海马，我赶紧抱着孩子的脸亲一亲说："晨晨真棒，这么快龙虾和海马都认得了。"孩子也扬起小脸笑起来。第二天，他拿着小布书给我，要和我一起看书，然后重复昨天的事情。差不多两三次之后，孩子拿起书，我说："龙虾在哪里呀？"，孩子就开始哗啦哗啦地翻书，嘴里还"咦？咦？"地念念有词，终于翻到了龙虾那一页【解读：记住了，再次复习】，他立刻指给我看。"哇，晨晨好聪明呀，那海马呢？"他又很快翻到海马那页立刻指出来，我亲亲他夸奖他，他很高兴。这种认图案游戏一般会每天做一次，连着几天。然后再换一本书或者换个小动物【解读：一本书学完到另一本书，迁移与发散】。他也会探索咬牙胶，捏捏响。

【解读】孩子是从图案文字虚拟概念（绘本上的龙虾、海马）的学习到图案文字虚拟概念的复习再延展到其他虚拟概念的迁移与发散的，当孩子有一天看到实物版的龙虾或者海马，自然很容易就记住了。习惯性搜集信息进行匹配是一直贯穿始终的。

所以脑区的孩子有时候见到新事物总给人一种没什么兴趣的感觉，然而，实际上是人家早在见到实物之前就有了研究和了解，知道了或者会了，当然就不会再兴致勃勃了。第一次学习新理论的时候，脑区的孩子感觉最幸福了，我们可以很清楚地感觉到这个孩子每一次学习新的概念的那种莫名兴奋，并急于第一时间跟妈妈分享他已经学到的知识。

大家可以关注下周围脑区人，他们一开口问问题或学习，基本都是先确定范围是什么，具体的概念指的是什么，然后才会问为什么、原理理论出处等，不仅关心怎么做，更关心为什么是这样做的，有种打破砂锅问到底的架式！

脑区人学习的关键是大量搜集信息进行筛选匹配，扩充自己的现有目录，需要书本、电子设备、网站等信息平台与工具作为学习的载体，日常生活中也与这部分互动最多。脑区孩子遇到学习问题，会第一时间搜集是否有可以借鉴的路径，用大量的数据分析来解决问题。

脑区人的学习方法

学习方法是脑区人的强项，相比较而言，心区和腹区比较吃亏。学习最难的就是入门，恰恰脑区孩子脑子灵光好使，在学习入门上几乎没有障碍。

脑区的学习方法是观察法，将接触到的事物与经历，提炼成文字，构建成自己特有的目录。家长在教脑区孩子时会发现脑区孩子不只是"十万个为什么"，而是十个"十万个为什么"。这个时候家长只需要提前教会孩子用百度、知乎、各种学科的学习网站、各种电子学习工具等，提供丰富的资源就好。

所以，脑区孩子在日常生活的互动中，在上学之前，已经积累了一定的知识量和词汇量，包括逻辑推理能力的储备。上学的时候，有一半甚至更多的内容脑区孩子已经知道了。

进入高年级学习阶段，需要更强的逻辑思维能力，这更是脑区孩子们擅长的。毕业以后，脑区孩子的工作选择也会以科研、技术为主，即便是其他岗位的工作也会自己研究各种专业性强的学术问题，不轻信他人，坚持自己的判断与验证。总体而言，从学习态度到学习技巧以及学习心态上，脑区孩子在教育上体现出来的优势以及适应性都会强很多。

但是这并不意味着脑区孩子学习就不存在障碍，我们同样用一个案例来说明：

案例分析

【案例】

万老师，按照你的建议我和孩子沟通了下，作业一次写半小时，如果半小时内能写完，可以看20分钟电视。今天他写作业的速度明显快了很多，平时要2个小时写完的作业，今天不到1个小时就写完了，他爸爸检查作业时发现有5处错误，要求他改，他不高兴了，说他们老师批评他了，也没教他方法。

【解读】脑区孩子写作业是个大问题，具体表现为容易眼高手低。在核对自己的目录环节时，发现对不上，实际情况与自己的预期不一致，不得解决方法而抓狂。会把实践练习放进自己的目录里对比，对上了，就觉得我想明白了、学会了，学习也就结束了，再做作业还有什么意义！

大部分脑区孩子，上课之前心里就有杆秤，先听一听有没有新的知识是自己不知道的，如果发现大部分都知道了，立刻就失去了80%的兴趣，还不如自己玩呢，听课显得不够专心，甚至会在课堂上指出老师说的和课本中有问题的地方。放学之后，会安排好自己的学习时间和玩耍时间。但是假如没有适当引导和监督，脑区孩子会选择在玩上投入更多的精力，导致学习、写作业等方面草草了事，时间久了，也会出现学习问题。毕竟脑区孩子天生就认为，懂了就等于会了，写作业这么无聊的事根本不屑做，从而也可以看出脑区人的思维模式——计划性完整、行动力缺乏。这也决定了实际执行力是脑区人的短板。

那么如何引导让脑区孩子缩小理想与现实的差距，在有计划地搜集信息、数据之后勇敢地应用到实践中呢？需要制订奖惩计划，特别是奖励，先和他们谈好条件，有好处对于脑区孩子来说非常管用。而且当脑区孩子开始重视的时候，特别喜欢和你讨价还价，这反而是好事，赶紧趁热打铁，制订好计划并立马实施。对于很多心区妈妈而言，有点接受不了，觉得想做就认真做，干吗讨价还价呢？

　　对于脑区孩子也不要随便批评，当然所有的孩子都不要随便批评。如果批评脑区孩子，他一定会反击你，而且说话不好听，伤害彼此的感情，还不如多花时间了解孩子具体的困难在哪里，并给他适合的方式、方法解决问题来的实际。即便脑区孩子自学能力比较强，但毕竟还是孩子，自控力相对较弱，总有很多学不好的地方。

脑区人的人际关系

　　玩，是一个人面对自己喜爱的事物的表现，而人际关系反映的是对自己和他人的理解、认知与把握。古语有云："三岁看大，七岁看老。"即便人长大了会有行为方式上的一些变化，但内心世界的逻辑与认知很难改变。

　　人际关系的远或近，体现的是对自己情绪的表达与处理的能力，同时也体现了对他人的情绪的感知能力和把控能力的精准度。通俗来说，就是有没有走心，会不会关心人。

　　我们依旧通过真实案例来解读脑区人际关系：

案例分析

【案例 1】

以诚待人，业务能力也不错，所以在同事和同学中人缘不错。但是在家人眼里，属于那种"只有黑白"的人，只讲道理，少有人情味，总是用道理说服人，比较少能共情别人。如果遇到道理以外的事，她就会被困住。

任何交往，好像都不能太深，但也不能太远。太远觉得很冷，太近又觉得比较逼迫，所以喜欢君子之交的感觉，有点类似默默关注的那种。很少会加入一些小团体。对于任何批评，只要自己认为是对事不对人的，都会愿意接受并欣然改进。对事情比较纠结，有一些"选择困难症"。

【解读】脑区人交朋友也有自己内在的一套程序，先看对自己已有的目录有什么帮助，能帮自己解决什么实质性的问题，否则不会随便交朋友；在与朋友的交往中，对关系的边界划分也非常清晰，对方能做什么、不能做什么，自己能做什么、不能做什么。

在脑区人眼中，朋友就是用来解决问题的，而自己存在的意义也是因为能帮助朋友解决问题才被朋友需要的。心态是不想浪费彼此的时间与资源，以至于让人感觉他冷静到没什么人情味。

这种人际关系交往自带明确的标准，也就是属于自己的目录范围之内，保持自己的独立性，有距离感。

认为核心关系中自己才是主线，其他的仅作为对自己专业之外的参考和补充，不太擅长处理人际关系。脑区人对于自己研究出来的结果非常在意，认为这才是自我价值的体现。

脑区的人际关系一定是在自己可控的范围之内的，每个关系都有较精准的定位，都以自己的目录为主导。

脑区的人际关系更像是"项目合作式"的关系，有事情了大家聚在一起，分工明确，各司其职，随着"项目"的结束，关系也就告一段落了，不会再过多地牵扯到一起。

脑区人不怕做事，不怕多做事，就怕责任分工不清晰、演算不出最佳路径、核算不出成本与投资回报率的百分比，回头扯皮更麻烦。

责任不明坚决不动，闲着都行，责任清楚立即行动，早干完早回家，不要浪费时间。

不仅成人如此，脑区孩子对于边界也十分敏感。

【案例2】

我家脑区孩子偶尔学我，暖，会让大家心化，可是不经意又让人掉下巴。有一次出去玩，他特别喜欢一个小姑娘，一直跟前跟后，小姑娘哭了，他排除万难前去安慰，小短腿穿过树林跑过去说你别哭，我来安慰你。大人们看了觉得特别暖，都夸他。几秒钟后，突然喊起来，你怎么还哭啊？我都安慰过你了。

还有一幕常见的情景就是，我家脑区孩子在小区里即便和小朋友玩得热火朝天，到了回家的时候，说要回家，打个招呼扭头就走，玩的这个目录已经结束了，现在进入回家的程序里，绝对不会上演哭得难分难舍的大戏。

【解读】脑区孩子不明白的是，我已经安慰你了，这件事就等于已经过去了，你为什么还不开心？情绪的屏蔽是与生俱来的本能，也是脑区孩子需要成长的地方。

在脑区人认知里，这件事情的结束，按照目录就自动进入下一个程序，不会有多余的情绪。也正是因为一直使用脑子来认知事物，脑区人很容易忽略情绪，不仅仅是别人的也包括自己的。

脑区人的情绪表达

关于情绪：于脑区人而言，情绪是没有意义的，他们习惯性隔离自己的情绪，或用讲道理的方式表达情绪。

面对情绪：即使关注情绪表达，也是想弄清楚情绪产生的原因和由来，之后找出各种有效的解决办法，总结出一套又一套攻略，就像是在玩游戏时的打怪升级。

解决情绪：有了情绪之后，喜欢独自对应书本概念，运用网络数据比对分析。即使找人沟通，也不太会花时间聊感受，而是进行学术研究式的探讨。

脑区人在情绪表达上有很多控制感，有点放不开。隔离自己的情绪，同时也想让他人像自己一样隔离情绪，习惯性地把情绪当作问题来思考，

去"找攻略"来解决。即使脑区人表现出来有情绪，多半也是因为不在自己的已知目录范围内而引发的焦虑，没有把握能从根本上解决问题而产生的焦虑。随着问题圆满解决，这份焦虑才会烟消云散。

脑区孩子有了情绪，安慰、哄、抱不如有个能让他心服口服的答案，不然一定会让你继续烧脑，刨根问底，直到他认为得到了正确答案才罢休。

所以脑区孩子都显得有点认死理、不好哄的感觉，脑区孩子的口头禅：妈妈这是为什么呀？为什么是这样啊？又是为什么啊？为什么……

普遍来说，脑区人不大懂别人的情绪，必然也猜不出情绪背后的产生原因，甚至有时候都看不到他人有情绪，这时候就需要你明确告诉他你有什么情绪，需要用什么方式解决，给他一个你的"情绪说明书"让他来研究一下。

脑区人不太会安慰人。若找个脑区人开导、安慰自己，犹如自己往伤口上撒把盐再加点芥然，还不如不安慰的好。要么就是脑区人很清楚自己解决不了，立马闪人。此时对应的真正的心理活动是我真不知道该怎么帮你，也不想影响你，不如你先自己冷静一下。

情绪表达：大部分情况下几乎感觉不到他有情绪的表达，即便偶尔有人真惹怒了他，他会气得满脸通红，情绪激动到说不出话。大部分时间脑区人会选择冷淡对待，保持沉默，但是一旦超出了自己的目录，暴躁起来谁也拦不住！这种处理方式平移至夫妻之间也是如此，如果发生惹毛他的事情，跟他说话他爱搭不理，脸色明显有些阴阴的，比较擅长压抑自己的情绪，当下不太愿意去表达，继续保持沉默。

案例分析

【案例】

有时候，我觉得他的脾气很好，会包容我的各种小情绪，可有时候脾气又很差，发起火来什么都扔，不计后果。从不会告诉别人自己的情绪，只发火，从不解释，让人觉得莫名其妙。发过火也从不主动道歉，我不理他、不说话，他也跟没事人似的。多少次暗下决心就不做第一个开口讲和的人，无奈我的忘性大，往往先开口的还是我。我受不了冷战，他倒是无所谓。

【解读】脑区人认为，情绪需要自己反思，冷静下来才能想明白，我来掺合了，万一搞不好不还是我的责任啊，这个风险我不能承担。

对待情绪，脑区人习惯的方式是隔离与逃避，对他人的情绪，更是不知道如何处理，于是就用自己以为的方式，关系好我就为你做些分析、讲讲道理，结果和你说半天也没用，可急死我了。

你的情绪是你的，我的是我的，你的情绪关我什么事，你自己搞清楚就好，因我而起的部分直接告诉我，我承担这部分责任。

脑区妈妈对孩子的情绪、态度往往也是——我家孩子今天哭的时候，我不懂他为什么哭。我跟她说要不你自己先哭会儿？等会儿咱俩再说话。

从睡眠识别脑区人性格

对于脑区人来说，睡觉是件浪费时间的事情，没玩够，事情没做完，程序走不到关闭的环节，不会睡；即使睡着了，也睡得比较浅，仔细观察会发现他的眼珠还在动，仿佛还在思考事情；睡梦中，仍然会逐项勾选清单，也会做关于事情没完成的梦。

通常脑区人跟你说完晚安并不等于睡觉，而是准备睡觉。说晚安只是启动睡觉程序里的第一步，接下来可能还有看看新闻、刷刷朋友圈、列好第二天工作计划等一系列流程，等这些流程走完，才能真正关机睡觉。

对于别的性格的人来说，这是无法理解的，尤其是遇到了心区人，心区人可能就会想，你说了晚安又去做别的事，是不是不想和我说话，我们的感情是不是出了问题。然后心区人就失眠了。

脑区人普遍睡眠质量不高，因为脑子高速运转，想得多，包括脑区孩子睡眠质量相对也不高。

睡眠的作用是放松与休息，脑区人因为脑子转得太快，放松与休息比较难，就像机器在不停地运转，什么时候整个程序运转完毕，大脑接收到"关机"指令，才能睡着。

案例分析

【案例1】

昨天晚上睡觉之前我给孩子爸点眼药水，孩子非要点。于是孩子又给他爸点了一次。结果半夜，孩子突发癔症，起来非要给他爸点眼药水。哭着坐他爸枕头上把他爸叫醒、点了才睡。后来才明白，以前说过点眼药水要睡前一次，醒了再点一次。

【解读】孩子半夜要点眼药水也是因为脑子里程序没有走完，要坚持走完程序。睡眠是脑区孩子的硬伤，相当于睡觉没关机，处于休眠模式，随便碰个键又启动了，所以脑区人睡着了也很容易被叫醒。

如何让脑子停下来，能够休息好，是脑区人一生的课题。有些时候脑区人会选择打游戏，用相对不是那么烧脑的方式来休息。

有些特别注重孩子睡眠的脑区妈妈对孩子睡觉的时间也有特定的程序目录设定，当孩子午休或者睡觉时间没有达到多少小时的标准时，会显得特别焦虑，想尽一切办法也要把孩子睡眠补过来。

【案例2】

小饭桌的老师和我说孩子没有午睡，刚好我发现他有一根白头发，借机给他讲了睡眠和营养对头发和记忆有多么重要的知识。

【解读】脑区妈妈执着于睡眠时间的时候，会想尽一切办法引导孩子关注这件事。而劝导孩子的方式也是带着脑区人特有的性格特点——用讲道理来说服你。

脑区人当然也有睡眠好的情况，这个前提是睡前要处理的事情，第二天或者未来会发生的事情都已经被计划、安排妥当了，终于可以放心休息了。

从"吃"识别脑区人性格

面对新食物：不轻易尝试，一定反复观察确认，等妈妈示范过后才会吃。不在自己的目录项，不在自己可控范围内，打破目录这种风险太大的事情不做。

品尝过程：吃的时候小心谨慎，舔的动作多，需要判断有没有危险，验证和自己吃过的食物味道是否有相似之处。

接受之后：当新食物变成了熟悉的味道，吃的动作才会舒展开一些，吃得有滋有味。

脑区人对吃重视度不高，不会花费太多时间在吃上，有吃的就吃。

脑区人吃饭很少会出现狼吞虎咽的现象，除非是饿到了极致，吃差不多了就停止，不再多吃。说不吃就不吃了，很干脆，哄也没用，按照程序管控自己。即使是刚开始吃辅食的小宝宝也是这样，吃饱了，再喂直接用手推开你，说不吃就不吃。

西式快餐，以及自助式的中餐都是由脑区人发明的。饭菜强调营养卫生，快捷便利，可选择的空间多，省时省钱。

有些异想天开的脑区人，渴望有个高科技发明，有种药丸之类的东西，吃一粒就有能量了，不用再吃饭浪费时间。

脑区妈妈对烧饭一向不太重视。有了孩子以后，即便为了孩子营养与发育考虑学习厨艺，也是借助各种菜谱、APP，按照配方，也就是目录程序学习烧饭。

另外，脑区孩子对于没有接触过的新食物一定抱有抵触心理，不愿意去品尝没有吃过的东西。即使在妈妈的强迫或者诱导下，大多也只是用舌头舔一舔，或者勉为其难地咬一点点。而对于喜欢的食物，可以连续吃几个星期都不会腻。这也是因为新的食物还没有被纳入自我目录，超出了目录范围，脑区孩子通常是不愿意接受的。

以上描述作为大家了解脑区人的参考，并不代表脑区的人完全吻合我总结出来的行为特点，这些特点只是帮助大家认识、理解脑区人。

更重要的是如果你确定了你的家人或朋友是脑区性格，那么你关注的应该是这些像的地方的行为背后存在的内在原因，他们内心世界的想法是怎样的。甚至不像的地方，也是性格内在三部曲的过程，在像与不像中，我们更多地体会，更多地了解与看见他人，也帮助我们认识自己。

了解了以上脑区人性格特点后，关于脑区人教育的普遍规律在此做个小结，方便大家参考。

1. 认理不认人：脑区性格的人有较强的条理性，你需要有清晰完整的证据和逻辑才能说服他们，否则他们不会认同，更不会执行。所以你在教育脑区孩子时，一定要严谨细致，用词规范，指令要表达清楚。

2.不吃亏：脑区性格的人边界意识强，他们不会轻易让步，如果愿意让步也是因为舍弃之后能够得到更大的利益。同时，脑区的人非常聪明，他们总能看到事情的先机、变化中的利益格局，提前下手获得利益。所以，父母不用担心脑区性格的孩子在人际关系中吃亏，哪怕是他们看上去受欺负了，那也只可能是他们为获得利益的"伪装"。

3.眼高手低：脑区性格的人思维模式以弄懂原理为目标，不重视结果的完成，很容易忽视作业中背诵等重复性学习。如果你不能识别这一点，并帮助孩子建立良好的学习习惯，可能会让你聪明的孩子无法形成良好的习惯，最终导致学业、技能上的滞后发展。

学习了解性格特征，对于我们在教育的过程中，发挥孩子的个性天赋优势、扬长避短具有重要意义。

小小　8岁

音希　10 岁

第五章
九型人格之心区

JIUXING RENGE ZHI XINQU

有一种爱，
是欣赏与肯定，
在你低谷时期给予你支持和关怀，
不离不弃。

初识感觉型性格

如果说脑区人是一部超炫超酷的大型制作科幻片，那么心区人就是一部温情细腻有质感的情感片。也正是因为存在心、脑、腹等性格各异的"调色盘"，才绘制出了不可或缺、多姿多彩、风格迥异的大千世界。倘若没有这些"调色盘"，我们的生活世界就如同熊猫用眼霜去除了黑眼圈，不再呆萌惹人爱。

下面我们通过与脑区的对比来解读心区。

如果您读亲子文章时遇到了一个"应激障碍"的名词，您会怎么做？

上一章我们讲到脑区妈妈会百度到明白为止，而心区妈妈则是将文章中描述的内容与自己近期带孩子的经历中比较类似的情况进行对比印证。如果不理解，就去搜索，要搞明白定义，如果相似则认同文章的观点，不再深究。

心区妈妈带孩子的时候对育儿知识的学习，更倾向于自己对孩子的理解，不会那么在意书上的标准，更重视的是孩子的感受，特别是孩子的情绪方面有哪些不对劲的。

案例分析

【案例】

我家孩子对大的嗡嗡的声音特别敏感，我吹头发的时候她会被吓得大哭，最近带她做雾化治疗她也是怕得很。我又观察到，我们在公共场所洗完手用的烘干机，她也一样怕怕的，听到响声就退缩，症结是不是就在吹风机上？

【解读】心区妈妈在带孩子的时候，比较细心，孩子眼神有哪里不对劲了，神态有什么变化，第一时间就可以感知到，然后立即想办法解决。通常心区妈妈遇到问题会第一时间咨询身边有经验的、自己觉得做得比较好的朋友，寻求意见，然后凭借自己对孩子的了解，在孩子可能会接受的范围内调整与尝试，进而处理好孩子的问题和情绪。如果查寻资料，多数情况下也是在对某一个细节的确认，验证是否符合实际情况，不会过于深究其逻辑是否合理或有矛盾的地方。

性格的自我预判

下面我们根据以下几个问题来初步判断自己的性格：

1. 你们小的时候是否也喜欢玩过家家或角色扮演？非但没有随着年龄

的增长而减少这份热情，反而乐此不疲？

2. 对陪伴的质量需求比较高，喜欢交流互动、爱分享。

3. 喜欢自己又当编剧又当导演，写剧本，精心导出自己想要的剧情，真正是大白天发呆的时候也会做白日梦。

4. 情窦初开之时，会因为一首歌、一句话、一个画面、一个场景等，要么黯然神伤，要么激动莫名。

5. 出门之前会为穿什么衣服纠结很久，考虑如何搭配，会有哪些人看到我，他们的视角是怎样的？做很多事情都是这样想来想去，考虑是否合适得体。

如果以上5点，您有3个或者3个以上符合，就可以初步认定自己是心区人。

下面我们再结合案例去具体地了解心区性格的特点：

案例分析

【案例1】

　　孩子玩玩具时，通常我拿玩具给她，她会迫不及待地打开。比如，我给孩子一个拼接玩具，她会急切地打开，看看这个摸摸那个拼接插件，开始试着往一起拼。如果有一个插件不合适，她会换一个再试一下，找到合适的，会很高兴，如果找了三遍以上，就会有点不开心了，然后就开始向我求助，我不想直接帮助她，假装也找不到。这时，她会去找说明书，认真看插件的形状，或者拼接部位的形状，找到后再接着拼装。拼完后，很高兴地让我欣赏，并且给我讲一下，这个作品在完成过程中，是容易的还是简单的，在这个过程中，有哪里是难拼装的，她是怎么做到的。她爸爸回来以后，她会让她爸爸看她的作品，炫耀一下。

【案例2】

喜欢玩捉迷藏、过家家、当售货员等游戏，玩起这些都很投入，有一次和她姑奶奶去她姑姑家，她姑奶奶从外边回来，她就藏起来了，一直都没出来（老人一直很焦急地叫她），后来老人下楼去找，她都没从藏的地方出来，还是老人从楼下看到窗帘晃了才发现的。（后果当然是被打了一顿，那会儿她年龄很小，上幼儿园小班）现在也是玩这几项游戏很投入，若陪她玩的人心不在焉，她会很生气。去外面旅游也是喜欢玩游乐类的项目（对看活的、在水里面的生物很感兴趣），对景点类不是很关注。

【案例1】与【案例2】的共同特征：

【反馈】玩之前：见到新玩具的第一反应——只要喜欢一定迫不及待拿在手上，爱不释手，到哪儿都带着。相反，不喜欢的，都不会正眼瞧一下。喜欢拆快递包裹，不管是不是自己喜欢的，纯属好奇。

【对比】玩的过程：喜欢角色扮演类游戏，描述不同的故事，制造不同的场景，拉着其他人一起配合着她玩。如果遇到不会的地方，一定习惯性寻求他人帮助，如果没有人帮助，又实在搞不定，最后也就放弃了。

【连接】玩过之后：积极主动展示自己玩的成果（建立在自己非常满意的前提下），爱交流，更爱主动分享，渴望第一时间得到大家的回应和肯定。得到肯定赞美之后，立刻当起小老师，才不管你愿不愿意，边告诉你她的心得体会，边手把手地教你怎么玩、怎样玩得更有趣。

此外，心区孩子在玩玩具时，同一套玩具要买不同的颜色，包括限量版。玩的时候，全程并不是特别专注，会受到周围的人、环境、声音等因素的影响，更希望有人陪着一起玩儿。3岁到6岁的孩子，有些会这样呼唤妈妈来陪伴："妈妈，妈妈，你来，你来一下嘛，我想看看你，我想你抱抱我。"其实此刻他们真实的心理活动是：妈妈你陪我一起玩呗。

在玩的过程中一旦遇到问题和困难，不太愿意独立思考解决问题，习惯性地想要找妈妈或者其他人帮忙，倘若没有第一时间得到回应来帮忙解决问题，立刻开始有情绪，面部表情包随即由晴转阴，闹小脾气，推卸责任，其实此刻真实的心理活动是：妈妈，你到底懂不懂我的心？当然还有就是不愿意去面对不能独自解决问题的自己。要是得到了妈妈的"心灵鸡汤"、爱的抱抱、充分的肯定和鼓励后，反而会去独立思考、想一切办法解决问题，当通过自己的努力有了新的突破，解决问题的同时带来了成就感，一定会第一时间与他人分享，甚至有时候会威逼利诱地要求他人参与自己的分享。

心区孩子比较好强，得失心偏重，很在乎输赢。若是输了会很失落，会哭会发飙，甚至立刻甩脸不玩了。当然，若是赢了，特别开心的表情就会溢于言表，小小的脸庞，笑容像朵盛放的花，恨不得马上告诉所有的人，同时，又会显得比较大度。

人生如戏，也靠演技。心区孩子和大人都会不自觉地活在自编自导自演的剧情里，多愁善感，走不出来。通过创造不同的角色与场景，演绎出不同的故事情节，反复体验不同的意境，在同样的内容与情境里深度挖掘不同的情感体验，玩出新高度、新花样、新感觉。在爱情里，与其说心区人爱的是你，倒不如说他们更爱的是爱与被爱时心跳的感觉和心有灵犀的默契。

那么我们再综合对比一下脑区和心区的案例：

【案例1】

喜欢有按钮的、能自己组装的玩具，能够自己玩半个小时以上。以迪宝乐电子积木和佩琪小屋为例。电子积木一开箱子，全是各种元件，上百个，妈妈已眼花缭乱，小朋友却乐开了花，首先找到了灯泡，他喜欢灯泡很久了。然后是电池，从小带着他装拆电池已成了一种习惯，对照说明书，一步一步搭出一个最简单的灯泡电路，开关玩了很多次。我们大人按照说明书看的是元件名，而他记住了用到的每一个零件的编号。搭了几次以后，他就能对照说明书自己安装，并且搭过的每个电路用到的不同元件编号自己都记得。因为涉及电动马达和光控、磁控以及音效，到现在半年了还没玩腻。自己不停地换元件试效果，或者把元件假想成积木搭高楼大厦。每次能玩上半天时间。

【案例2】

今天去医院给孩子看耳朵。快到医院时，我跟孩子说："今天医生给你夹耳朵里的东西时，你不要乱动，不然会很疼的。"孩子说知道了。我抱着他让医生给他夹东西，我说："医生只是把耳朵里的东西给夹出来，不用害怕。"孩子说好。出了医院，我说："今天宝宝这么勇敢，都没有哭，比妈妈小时候强多了。现在时间还早，妈妈带你去公园玩好吗？"孩子开心地跳起来。在公园里孩子要玩过山车。我们两个一起做过山车。孩子说上次爸爸也带他做过过山车，很刺激，还说爸爸是"可怕汉"。我说宝宝真勇敢。（我也怕的，但和孩子聊着聊着就不感觉怕了）之后又玩了大象滑滑梯，今天孩子比较少。玩了一会儿，孩子觉得没意思，说："妈妈，我们回去吧！我有点儿想我幼儿园的朋友了，去幼儿园吧！"我把孩子送到幼儿园，孩子在我脸上亲了一下，说："妈妈，再见！"

通过对比脑区案例和心区案例，我们能够发现：

1. 独立性的不同：脑区孩子更倾向于自己研究，而心区孩子更倾向于游戏中的交流互动。

2. 对陪伴的质量要求不同：脑区孩子只要有喜欢的玩具，你在不在都无所谓，而心区孩子好玩的一定要和妈妈分享。

3. 解决问题的方式不同：脑区孩子自己会不断地摸索、找攻略，而心区孩子更习惯于求助。

若说脑区案例中的孩子玩的是技术，玩是研究的一部分，那心区案例中的孩子玩的就是心跳和感觉，玩只是剧情中的一环。

由此我们可以得知，关于孩子喜欢的事物：

1. 学习新事物的兴趣点：脑区孩子偏好知识、智力类，心区孩子偏好陪伴互动类。

2. 情感与互动因素的影响：脑区孩子少，心区孩子高。

3. 面对挫折时候的反应：脑区孩子愿意努力解决，心区孩子没有鼓励就很容易放弃。

4. 重复性、持续性、持久度：脑区孩子最低，心区孩子有情感体验的百玩不腻。

现实生活中，100 个人就有 100 种性格，有类似却不会雷同。这种本质上的差异决定了彼此间的磨合远远超出了我们的想象。若性格完全不同的人走进彼此的生活，起初会因为不同而相互吸引，最终也会因为不同而相离。

若要明明属于两种性格的人朝夕相处，时间久了，难免会觉得有种无形的压力，怎么都会离彼此的内心深处差那么几步之遥。这些都源自不同性格的差异体现出来的不同的思维模式、表达方式等。就好像汉字跑到了日语里，满心欢喜地以为遇到了长得差不多的同类，谁知随着时间的推移才发现原来同字却不同音甚至不同义。

这样的差异就像一把双刃剑，既给关系设置了障碍，引发了亲子互动中的困惑，同时又赋予了我们不一样的视角，另辟蹊径，得出新的结果，有利有弊。

解读心区人性格的核心密码

根据刚才的分析，我们可以初步认识到心区人面对事件的认知的方式，我们把刚才的内容再加工，推及对所有事件的认识方式上，可以得出以下结论：

心区人的性格的内在运行模式：反馈、对比、连接。

【反馈】找连接：刚刚开始进入新的环境、接触新的人和事、接收新的信息时，第一反应会是：下意识地特别在意、特别关注别人看待自己的眼光，目的是通过他们表现出的细节、传递出的信息，迅速捕捉加工，凭直觉判断自己留给别人的第一印象是好、一般，还是不好？以此为标准，决定了自己对别人的亲疏程度。

【对比】连接中：搜集到自己所需要的反馈之后，开始逐一比对，这种比对带着浓郁的主观色彩，基本没有客观标准，直到比对出最符合自己心意的、最让自己舒服和放松的结果为止。不得不说，心区人会依据心情决定标准。心情好，一个标准；心情不好，另一个标准。

【连接】下定论：比对完成之后，感觉一下是否验证了自己在他人心里的形象和自己心里的判断是一致的或者是八九不离十的，如果是，自动将这部分人划为自己一类，热情相待、掏心掏肺。如果不是，自动将其屏蔽在心门之外。

心区人特别重视外界的评价，并且只听得见对自己好的评价，不好的评价即使听见也假装听不见（要面子）。但是独自一人的时候，会去反思。只不过，心区人反思的侧重点是我哪里做的还不够好，为什么人家不喜欢我了？今后要怎么使自己变得更好，让所有人都喜欢，特别是我在意的人是怎么看我的。

心区人五彩斑斓的内心世界是什么样子的？在心区人的世界里，连接是心区的核心，无论遇到什么人做什么事，彼此的连接才是最重要的。得和自己的内心感觉做连接，和他人的内心世界做连接，我要明确我在你心里的样子是不是我想要的。通俗地说，对上眼了、连上了、调频一致了、感觉对了，怎么看你都顺眼，所有的问题都不是问题。反过来，没对上眼、没连上、感觉错了，看都懒得看你一眼，更别提搭理你了，你爱干吗干吗，与我何干，一副高冷的模样。

一切始于颜值，忠于感觉，就连吃个水果都要挑颜色美的、卖相好的。因此，心区人的感觉，比起人或事的本身，更看重对此赋予的角色和情感，与内心做连接。与其说心区人重视结果，倒不如说重视的是与结果相对应的某种感觉。

心区人依靠心的感觉与世界连接和互动，恰恰在当下这个高速高效运转的社会，感觉是很容易被忽视的。

如果心区人感觉自己被忽视了，又容易感受到被忽视，那一定会做出各种动作让你知道，我不能被忽视，你要重视我。

其实有很多心区人几乎不清楚也无法形容自己的感受，自然也谈不上在乎、读懂他人的感受。自己的心路都没通电，要如何与别人连接走心呢？

孩子的心纯净如水晶，敏感易碎，心区的孩子更是如此，对陪伴品质要求很高，你的一个眼神、一个微表情、一个动作等，他都能够立刻分辨出你是心不在焉的"假妈妈"，还是聚精会神的"真妈妈"？

孩子得不到自己想要的陪伴，一定会找各种方法，想各种"手段"，间接地向妈妈索取。比如一会儿哭了，一会儿又要抱抱，一会儿不小心摔倒了，完全可以自己爬起来的，却哭得撕心裂肺地躺在地上等着妈妈来。再长大一点，会甩脸给你，假装不理你，目的都只有一个：各种求关注。

心区人就喜欢这种弯弯绕的表达方式，决定了要什么就不直接说，总期望别人能与自己心意相通，读懂自己的小心思。结果妈妈懵圈了，明明按照孩子说的给了，孩子仍然不满意，闹小情绪。因为人家说的那些都是委婉表达，真实想要的，怎么好意思说出口？那多不好。

我们再来回顾一下：脑区人的核心是目录，而心区人的核心是连接。

因此，对于心区人来说，感觉来了才管不了那么多呢，人生何其短，哪有那么多时间、精力花费在思考和规划上啊，先尝试了再说，没有投入哪知道会是什么感觉，哪知道该怎么总结。一定是先尝试，先体验，犯了错了，吃了苦头了，伤到心了，才能明白自己想要的究竟是什么。

脑区人却是先冷静思考再采取行动，清楚了才表达，不会轻易尝试，不会做没必要的投入，更不会因此而犯错。

你们发现了没？心脑区人的思维模式是截然相反的。脑区人的第一步是心区人的最后一步，心区人的第一步是脑区人的最后一步。所以呈现出的总是互相敌对又彼此需要的矛盾状态，也就是所谓的相爱相杀。

心区妈妈带娃——想不想做都取决于我的心情！一天两三次，我压着情绪哄你没事，超过三次我就没耐心了，时间久了，我会爆发，我这性格也不好……

脑区人的目标是成为科技达人，所有事情都给我个明确说法，一切运作原理、追求我都明白，清晰可见，彰显科技的力量。

心区人的追求是艺术生活，一切的发生都只是一个形式，实际生活是艺术创作的源泉，可以做些加工，扭曲的、夸张的等，为了更好地表达，呈现艺术世界的魅力。

心区人重视情感连接，人际关系永远都被放在第一位，有了问题习惯性寻求关系的帮助。得不到最想要的肯定与赞美，启动不了自己的力量。情绪决定成败，心区人往往就吃亏在这里，明明只是求关注却变成了矫情，能做好的却没做好，自己吃力又不讨好。

心区人的生活：睡前翻翻朋友圈，看看自己发的圈又收获了多少个赞。我关注谁，我得去默默地看看，点赞还是不点赞呢？好纠结啊。让我感觉不舒服的人，看都不看你朋友圈，或者默默删除。

同理，心区孩子说去睡觉，关注的是妈妈有没有陪我进房间、带我玩睡前小游戏、给我讲睡前故事、给我唱催眠曲、拥抱我亲亲我、和我说晚安。

心区人的认知发展规律

案例分析

【案例1】

　　孩子2岁5个月时第一次去一个新的游乐场，里面有个充气滑滑梯，比平时玩的高点，孩子害怕，想玩又有点不敢玩，就要妈妈带着玩两次。偶尔中间也会大叫几声，我告诉她没事儿，摔着不疼，同时示意她看看表姐是怎么玩的，然后在我的保护下又玩了两次。玩着玩着，熟悉了，胆子大了一点，只是有两次快到顶时，又帮忙了一下，偶尔尖叫着喊妈妈。再后来，完全适应了心理上的害怕之后，也就慢慢地自己去玩了，还会学着姐姐的样子，一蹦一蹦地从下往上玩。

【案例2】

　　今天用"小司机开车"的方法巩固女儿对数字1~9的认识。

　　我告诉女儿她是小司机，今天的任务是把乘客送回家。然后在纸上不同的位置分别写下1~9，告诉她这些数学代表车站，让她用铅笔连线的方式开车。

　　女儿对这种带有情境的游戏很感兴趣，非常配合地拿着笔开始连线。刚开始，有3个数字连错，我假装乘客却回不了家很难过，趁机告诉她正确的数字。反复"开了几趟车"后，女儿成功记住了今天的

"教学任务"！

> 【解读】与脑区孩子的学习过程相比，这个孩子的学习"导航线路图"完全需要以情感连接"导航"为主导：要妈妈参与学习，还要妈妈继续参与复习，人物情感的连接、关注和交流才是贯穿始终的核心元素。整个学习的过程伴随着人与人之间的互动、建立连接、分享交流、投入情感等来完成。
>
> 由此可以得出，心区人的学习方法是情景法。在学习的过程中，把学习体验的素材，变成语言，进行故事化加工，"情景生活剧"再现，指向情感连接；在教心区孩子时，用游戏故事、角色扮演的方式把数学、语文的概念教给孩子，是最有效的方法。

当前书本知识的学习、考试等，都不是能够直接变成情景模式或者产生实际结果的形式，所以心区、腹区孩子适应起来有困难。

我们作为父母要做的就是尊重孩子的天性，起步的时候陪伴，扶一下孩子，正确地引导一下孩子，等一下孩子。

这种学习路径不仅仅是在心区孩子身上体现，同样也体现在成年人身上。大家可以留意下周围疑似心区的妈妈们，一开口问问题或是学习，基本是先说自己遇到的情况细节，还有哪些感受。即使回答别人的问题时，也是先问清楚对方的具体原因啊、过程中有哪些细节啊，考虑更多的是要照顾到每个人的感受：我该怎么说才比较合适、让对方感觉比较舒服？重点关注在人的情感连接之类的因素上。

总之，心区人需要情感关系做连接，离不开人与人之间情感的互动，习惯性先观察对方对我的关注度，关注度的高低决定了对方对我的印象好还是不好。情感连接的匹配程度，决定了学习的品质高还是低，换言之，就是心区孩子需要在不断的肯定、赞美中保持好心情，心情好了，学习上的问题都不是问题了，统统搞定。

心区人学习需要的是好心情

心区孩子在上学之前，对于学习知识类的互动感觉兴趣一般，但又想要表现得很出色，一方面很想得到妈妈的关注和夸奖，另一方面害怕做不好被批评、否定。学习互动性、自觉性、主动性和专心度都不够，对表扬肯定要求极高，对批评相当敏感。情绪来了，一生气什么也不想干了，泡在情绪里，导致在上学之前知识等的储备随心情而定；如果处于心情好的状态，那么储备知识量还可以（但也无法与脑区孩子相比），反之，就很一般了。

上课的时候，如果老师没有给予关注，没有互动，不一会儿准走神，此时，外面的蓝天白云啊、小鸟小虫子啊等都会轻易成为他们思绪的焦点，或者骚扰一下关系好的同学，讲个话，传个纸条啊等。要不干脆沉浸在自己心里的情景剧里尽情演绎，看起来一副发呆的样子。一旦发现学习进度跟不上了，自己又会因为担心而懊恼，很沮丧，觉得自己不如别人、不够好、再这样下去别人会看不起自己等。但是要认真听讲吧，又做不到一直聚精会神地听下去，想认真听课也努力认真听了，但过不了太长时间又走神了，结果又没达到自己的预期，然后又委屈又听不懂了，再加上拉不下脸来，根本不好意思问老师和同学，就憋在心里发酵，影响了状态，引发了一系列连锁反应。

下课放学回家后，一定找各种方式想要换一换心情，如果妈妈不允许，自己偷偷地找借口喝水、上厕所、一个人在房间里，等等，试图调整好自己的心情。等调整好了，开始认真写作业，写着写着如果再次遇到了困难，心情又被破坏了，再调整心情。周而复始。要是调整不过来，看着吧，作业一定磨磨蹭蹭地写，还附带一张幽幽怨怨、满满都是戏的小脸，尴尬的局面更难收场。即便之前做了学习计划，也是白搭，一定会把"计划不如变化"演绎到极致。

进入高年级学习阶段，对于逻辑推理能力的学习要求高，如果之前基础打扎实，学习反而很好，反之，问题暴露得更为严重，始终受情绪的摆布不能自拔。毕业工作以后，参加培训学习，还是更偏好互动式的，想努力学习的动机多半是要通过工作成果来证明自己的优秀，得到肯定与赞美，从而符合集体与他人期望的样子。

 ## 案例分析

【案例】

肯定、赞美、夸奖对于心区孩子确实很好用，我昨天陪他写作业的时候，指出来他有个字写得特别漂亮，说妈妈相信你每个字都能写这么漂亮，老师也会非常喜欢，肯定会表扬你的。然后就发现孩子眼睛亮了起来，拿起橡皮把不好看的全部擦掉了，然后挺直了腰板更加认真地写起来……

【解读】心区孩子学习中遇到障碍时仍然会心高气傲、争强好胜，更看重荣誉带来的威信。总想着要考得好才能被同学看得起、崇拜。情绪对了，找到了学习的方法，小宇宙就会爆发，特别快乐，也会加倍努力好好学习。相反的，情绪得不到释放和理解，干脆破罐子破摔，另辟蹊径寻求别人的看重和理解，比如突然变成"坏孩子"，且以情感连接为主旨，而忘了学习本质。

面对心区娃，可以从两个方面进行引导：

1. 当孩子遇到困难，运用比赛、演练、情景再现之类的方式解决，同时及时捕捉他逐渐发亮的小眼神或逐渐变柔和的小表情，给予肯定和赞美。

2. 心态疏导。把对别人看重自己才要更好的关注点，引导、转移到是因为自己的付出与坚持等优秀品质，才会让同学、老师喜爱与尊重，这些被喜欢和尊重的结果都是自己一直付出与坚持的体现。做回、做好自己，你才能得到更多人的喜欢，要因有品质有能力而得到拥护，而不是以成绩好、表现好取悦别人。

孩子们难免会有成绩起伏的时候，如果妈妈们总以成绩来判定一切，那亲子关系也一定不会稳定，试想一下换作是你，你能接受吗？

这一段内容建议心区孩子的妈妈们熟练背诵，随口就能做孩子的思想工作，从而教好心区孩子。如果必须纠正心区孩子的错误，一定要特别注意措辞，要不然孩子很容易将其理解成批评。

需要注意的是：对于心区孩子，不是明确的肯定就是批评，在他面前表扬他人那就是批评。妈妈可以先找到孩子的一个闪光点，比如今天写字认真了、坐直了、老师夸赞你了等，然后再引入：如果你其他方面可以做得像写字一样认真是不是更好呢？明明有那个实力再提升一下会做得更棒，对吗？我的好孩子。

心区人的人际关系

案例分析

【案例 1】

在陌生环境中只要同事关心几句就会觉得这人好，很值得信任，等久了发现原来不是认为的这样，对人和事易爱恨分明，不喜欢的人不会去刻意讨好，发生什么事都会觉得都是我的错。别人聊天也会觉得是不是在说我。

【案例 2】

我到一个陌生的地方很注重我给人家的第一印象，从穿着到言行举止，在领导和长辈面前会表现得很懂礼貌、懂事、稳重，跟同事相处比较慢热、较少说话，然后通过观察同事的言行来分类，谁是可以交往的，谁可以作为普通同事。慢慢地会通过热心和礼貌让大家认可我，我也可以很快地融入大家。人缘比较好，男女老少都相处得挺好，但我也是个爱憎分明的人，会记仇，看不惯偷奸耍滑的人，轻者不理会，实在看不惯的就会直接说出来，不怕得罪人，做事也经常会先对人后对事。

人际交往方式的内在运行模式：

察言观色能力超级强，会试探性地先通过打招呼、寒暄看看有哪些人是对味的。看一眼对方便能猜出来对方的心思，大致有个预判自己讨不讨喜，对方对自己的印象好还是不好。在感情方面，一下子能判断出对方对自己有没有好感，属于哪种好感。合得来的，迅速与对方走心。反之，迅速全身而退。

如果对方的反馈完全契合自己的心意，热情迅速高涨，总有说不完的话题。如果是自己不喜欢的人，会冷着脸没什么表情，只是礼貌性地问好，带着淡淡的疏远感保持若有若无的安全距离，给对方一种好像很近实际却很遥远的感觉。

如果非常对味，一见如故，恨不得马上把所有的心事都分享给对方，盛情邀请对方到家里做客，拿出自己心爱之物与之分享或者一起出去逛街吃饭，喝茶聊天。

需要注意的是，以上情况是心区孩子和大人心情好或者人际关系比较熟悉的情况下才会有的表现。否则，多数情况下，心区孩子和大人在陌生人面前是不会做没有把握的展现的。通常的反应是矜持、腼腆、害羞脸红、不太说话。这是因为害怕自己表现得不够好，不确定对方是否喜欢，因为在意而局促不安。

总结：心区孩子是用心与他人连接的，直觉超级准。对于他人如何判断我，我又是如何判断他人的，非常清晰。心区人是人际连接、沟通交往方面的高手。乐于人际交往的时候，面对喜欢的人或事，能够精准地把握他人的心思，一击命中，给对方很会聊天、会生活、有品位、有品质、买什么物件或有什么事情会第一时间想到问他意见的好印象。这些特质的表现，非常巧妙地渗透到生活的点点滴滴中，瞬间增进感情，增加互动的黏性。当没有意愿去人际交往的时候，表现出来的状态就是矫情、忽冷忽热，有时还挺会来事的。

心区妈妈在育儿过程中则会特别在意孩子说话是否得体、注意场合、礼貌。如果恰巧孩子是脑区儿，心区妈妈会有种崩溃的感觉——怎么都教不好孩子。

下面我们来对比一下两个心、脑区人际关系的案例：

【案例 3】

可能他还小，还没有美丑概念，除了上次说过一次，也没听见他当别人面讲，只是有一次他回来，跟我说：妈妈，谁谁练跆拳道时哭了，谁谁没我高。我说："嗯，是的，这些话跟妈妈说说就好了，别当别人面说，他会难过的。"平时很早要去幼儿园，有一次，刚好他班主任出差十天才回来上班，老师奇怪地问他怎么来这么早，奶奶正好在场，就说孩子想老师了，要早点来看你。他来了一句："这是你说的，我没说。"奶奶好尴尬！

【案例 4】

不太会照顾人是真的，有一次带他去做盲人按摩，他小声说："妈妈，你看那人的眼睛。"我当时嘘了一下，用眼神制止了他，他立刻停止，表情有点尴尬，因为从小我就跟他说有些话只能私下和爸妈说，不能当别人面讲，比如，你好胖，你好矮，好黑，等等，这算考虑周全吗？平时家里的事他喜欢管，奶奶说他爱操心，和他爸一样。这算细致吗？

【解读】通过对比，我们可以发现脑区人际关系是项目合作式关系，项目的不同阶段有不同人参与和离开，项目完成是第一位的。心区人际关系是大家庭，一家人发生的不同故事，天大的事情都不要伤了和气。

心区人的情绪表达

我们继续通过案例来感受一下心区人的情绪表达方式。

案例分析

【案例1】

我比较情绪化，开心和不开心都写在脸上，太喜欢恼气，总是生自己的气。有时候一个小问题，我可以夸大化，然后找理由跟自己恼气。

【案例2】

她脸上写着晴还是阴。有时可以平静地交谈，有时无法控制。发脾气，不讲理。有一次，我给她晒被子，她的一张谱子放在床上，她回来找不到了，就怪我给她弄没了，跟我发脾气，说我是故意的，不能理解她的心情，和我闹了很久，最后冷静下来。自己觉得有不对的地方，又不想承认，找了其他借口，表明她对这张谱子多有感情。

继续细化一下心区人情绪表达的内在运行规律：

情绪来临时：找连接，很会演戏，会用各种事情来掩饰自己，唯独不会直接表达自己心情的好与坏。无奈又喜怒行于色，那副思绪万千、幽幽怨怨、分分钟出戏的模样，任谁都能看得出来，那又怎样？就是要将掩饰进行到底。看似轻描淡写的一句："我没事！"其实内心早已万马奔腾。

所有的"戏份"都只是为了让在意的人关注我，在意我。

情绪发酵中：连接中，格外关注自己在意的人的一举一动，仔细揣摩比对各种细节之处，只想了解对方有没有给予自己想要的反馈，猜测对方到底关不关心自己。没确定之前，继续入戏太深，不停地重复这个过程，直到确定是自己想要的回应才会停止，再次印证"人生如戏，全靠演技"。

情绪试探后：下结论，若对方给的反馈完全契合自己的心意，或者说足够关注自己，关心也很到位，立即破涕为笑，不再坚持自己之前的立场。若对方给的反馈不是这样，只好继续"倾情演出"，直到你入心为止。

心区人喜欢"弯弯绕"，故意不直接表达情绪，说很多潜台词，只为筛选那个懂我的人。诸如"好久没有人陪我谈心，好久没有人陪我微聊，怀念你柔情似水的眼睛，那是我的天空中最美丽的星星……"，绕了半个地球，还是没能直接说出"我想你"这句话。

心区人总说自己没有情绪，谁信？明明脸上写满情绪。一边内心十分抗拒直接表达情绪，害怕对方会觉得自己不好，会破坏自己形象。一边又觉得不表达吧委屈自己。觉得对方是自己关系最好的人，肯定懂自己，不用说就知道我的心思，不然怎么算得上是自己最亲近的人呢，没事，一定会懂我。谁知左等右等，迟迟得不到想要的回应。心想都给了你那么多机会还感觉不到吗？越想越恼气，开始爆发，先气死你，再恼死自己。

相当微妙的是，当心区人保持自信、平和而坚信的时候，随之而来的是自然得体的情绪表达，会非常巧妙且具有艺术性，传神地表达了自己的情绪同时又照顾了对方的感受，会设身处地地为他人着想，包容对方的情绪，理解对方的感受，悄悄给对方台阶下，避免对方有任何尴尬之处，堪称魔鬼与天使完美的结合体！

与脑区人的情绪表达作对比：脑区人的情绪要有前因后果的说明，心区人的情绪是明明白白我的心。

从睡眠识别心区人性格

心区人的睡觉方式：睡前和家人亲亲、抱抱、说晚安（多次）刷一下自己的存在感，目的其实只是看看妈妈有没有关注到我、陪伴我，玩各种睡前小游戏。能瞬间发现妈妈是真心陪伴还是敷衍陪伴，如果妈妈在敷衍，会立马变脸，不开心，叽叽歪歪，或者还会嚎几声，就算说完晚安之后还是不满意，磨磨叽叽闹到满意为止，搞得妈妈头都大了。如果妈妈关注到位、高质量地陪伴了，绝对不吵也不闹，心满意足地乖乖睡觉。

妈妈给足了陪伴、心情好，心区宝宝就是天使宝宝，完全不用操心，分分钟睡着。相反陪伴没给到位，一定心情不好，还要继续搞些事情出来，带着气睡着，晚上会做恶梦，第二天早晨还会有起床气，记挂着昨天的心情不好。

所以，心区宝宝的睡眠特别容易受到情绪好坏的控制和影响，而心情好坏又取决于妈妈给予的感觉。因此，心情平和、心态平稳是心区宝宝睡眠的保障。

脑区人与心区人的对比：脑区人事情不解决，睡不好；心区人更多的是因心情过喜过忧而失眠。

从"吃"识别心区人性格

心区人吃饭的模式：会因为好奇，而想尝一尝新的食物味道如何。味道好，下次还会吃，味道不好，很久不会再碰。遇到就餐环境是自己喜欢的风格，食物卖相也不错的，不用说一定坐下来点几个好看的但不一定好吃的菜，一尝究竟，综合评分够高，会拍个照发个朋友圈推荐一下。会因为环境不错，食物的卖相、品质、口感都还不错，继续来。心区孩子，会记住这家餐厅的某一个细节，下次饭点，会告诉妈妈，他还要去上次那家吃饭。

食物颜值高的，感觉好的，一定先品尝。不好看的，放在好看的之后再品尝，好奇味道如何。经常会被一家店的装修风格吸引，想去一探究竟，坐下来先观察细节之处，再看推荐主打菜系、饮品和甜品，哪个好看选哪个。此刻的真实内心活动是：比刚才路过的那家店感觉更好，就选这家吧。

感觉好的食物，就盯着它一直吃，即使吃饱了也要再来一点。感觉不好的食物，碰都不会碰，即使妈妈使出各种招术也坚决不吃。

心区人吃东西，要颜值高、感觉好、色香味俱佳才入得了眼。因为心的感觉比较灵敏，对品质、口感要求很高。因此，心区孩子被评为各年度最挑食的孩子，没有之一。

心区人无论大人还是孩子，相当在乎吃的水准，但吃的更多的绝对是心情，是感觉。

心区孩子对妈妈做饭菜的要求也是极高的。不仅要有大师级的厨艺，还要有精致的西餐式摆盘，以及一流的环境布置，比如餐桌上和餐具搭配的餐垫，等等。

而心区妈妈不仅做饭讲究搭配，就连给孩子做水果，都恨不得每个水果都能雕出花、摆好造型再给孩子吃。

脑区人吃饭是赶紧吃完干活，重视营养、卫生；心区人吃饭是饭不重要，和谁一起吃才重要。

以上描述作为大家了解心区人的参考，并不代表心区人完全符合我总结出来的行为特点，总结这些只是为了帮助大家认识、理解心区人的特点。

如果还无法确定自己的性格，建议看完脑区、心区、腹区这三章再横向对比一下，之后再下结论。

熟悉了心区人性格特点，现在我们对心区人性格教育进行归纳、总结：

1. 认人不认理：心区性格的人为了感情可以牺牲个人利益，甚至放弃原则。士为知己者死，这是他们的信条。他们会为他人考虑，顾及他人感受与面子，给他人台阶。因为关系的远近不同，对待人的方式、方法有所不同，对老师的喜好，直接影响他们的学习状态与结果。

2. 自信心不足：这是心区人的内心真实状态，即使已经有很高的成就，依然会自信心不足。哪怕他们表现得很骄傲，也会莫名地自卑，他们的信心是不依赖于任何外部的人和事的。心区人的自信需要通过与他人比较、证明获得，这其实就是不自信的表现。因而，心区孩子需要不断地表扬和肯定来弥补其天生的自信心不足。

3. 认真：心区性格的人为了得到他人与外界的认可，他们做事情不仅认真，还会过度用力，怕自己不够好，没有足够的价值感。所以，心区人做事的质量都不会差，只是为了追求这个高质量要付出的努力比正常人多一些，但自己也很乐意。

概括来说，针对心区孩子的教育引导非常重要。

腊腊　10岁

第六章
九型人格之腹区

有一种爱，
是一日三餐的陪伴、
一粥一饭的温暖、
不声不响地长久在一起。

在理智清晰的脑区、细腻多情的心区之外有着怎样的一个世界，又会是怎样的一番风情呢？这一章我们将开启第三扇神秘的性格密码之门——腹区。

初识腹区人性格

你的孩子是否有以下几个特点：

1. 好胃口随时在线型，吃东西特别香，嘴巴停不下来；

2. 身体特别好，壮壮的，一身劲；

3. 特别好玩，笑起来的样子憨厚、可爱；

4. 喜爱玩打仗、对抗之类的游戏；

5. 和小朋友一块儿玩的时候，习惯性地横冲直撞，下手基本没有轻重。

如果有3个或者3个以上特点符合，就可以初步判定，孩子很有可能是腹区娃。

读亲子文章时遇到一个"应激障碍"的名词，脑区妈妈会百度直到弄明白为止，心区妈妈则会参考带宝宝的经历再决定是否深入了解，而腹区妈妈则更多凭借的是自己的直觉与经验，很少看育儿类文章，即便看了也不会看很多，第一感觉不对就不会再深入看了，如果有感觉才会更深入研究学习，这个感觉与心区妈妈对孩子的感觉有区别，这是对内容的一种天然的直觉。

腹区妈妈更多地遵从自然规律，孩子饿了会吃，渴了会哭，困了会睡，操心那么多干吗，腹区妈妈看心区妈妈带孩子觉得带得真好，不过好累。

看到脑区妈妈能给孩子找很多学习资料、成长的注意事项、各种标准与数据，也很羡慕，但同时表示自己做不来，看着头晕，孩子肯定会长大的，遵循自然规律就好，没啥大不了的，但是对于坚持的传统观念、底线则非常看重，如果超出了绝对不会放过，动手打孩子都有可能。

说到腹区的特质，你会发现，腹区人时而呆萌、时而孩子气、时而暴躁、时而大度、时而粗犷、时而又有意想不到的柔情似水。

我们在了解的过程中依旧会抓大放小、抓准典型的特征，帮助我们对腹区有个初步准确的了解与认识。

案例分析

【案例1】

一个人在家里的时候，能静下来就玩一下乐高，乐高买回来的时候我们会先按照图片组装好，但过不了多久，最多第二天他就会拆掉，然后自己随便组装，装好了还会跟我介绍有什么功能、哪些作用。假期跟妹妹在家里就会瞎搞一气，盐、油、白糖、吃的药、洗发水、沐浴露等都会拿来玩，倒在一起做实验，也经常会搞坏家里用的东西（因为爷爷奶奶在家里不给他们合理地规划好时间），我在家里就会安排好学习、玩、做家务、看电视的时间以及外出的时间，这样就会很有条理，家里也是整整齐齐的。读幼儿园的时候带他出去玩，和陌生的小朋友很快玩到一起，比他大点的、小点的都能玩到一起。现在还是能跟其他小朋友玩到一起，只是感觉上腼腆了些。

【案例 2】

　　小时候就不怎么喜欢娃娃类的玩具，反而喜欢跳牛皮筋、踢毽子、玩挑棒子的游戏，有点女汉子气，心不细。长大了也一样喜欢打保龄球、网球、羽毛球和游泳，喜欢健身但不能坚持。但有段时间就是刚上班的时候，那时没有谈恋爱，喜欢和同事一起去健身会馆，自学了游泳，坚持了两年时间，反倒减肥成功了。现在比较喜欢旅游，基本都是自由行，喜欢订旅游计划和路线，比较喜欢风景好的地方，到一个地方不喜欢总待在宾馆里享受，喜欢出去走走，也喜欢摄影，只是还没有定下心来学。

　　再回忆脑区与心区孩子玩的角度，与腹区比较：

角度	脑区	心区	腹区
学习新事物的兴致	最高，偏好知识、智力类	偏好陪伴互动类	一般，偏好运动类
情感与互动因素的影响	少	高	要求不高
面对挫折时的反应	愿意努力解决	没有鼓励就很容易放弃	需要方法引导
重复性、持续性	最低	对有情感体验的事物或场景百玩不厌	更久

　　腹区人与心区人、脑区人比较有哪些本质的不同？

　　如果说脑区人玩的是技术应用，心区人玩的是感觉情绪，那么腹区人玩的是什么呢？如果一定要说腹区有哪些偏好，那一定是运动体能类，对能让身体的力量充分发挥和放松的活动更为喜爱。

　　相较于脑区人专注技术应用和心区人专注感觉情绪而言，腹区人反而无论是技术上的还是感觉上的都可以，都能玩，只是没那么专注和深入。

　　1. 学习新事物的兴致：脑区人最高，偏好知识、智力类，心区人居中，偏好陪伴、互动类，腹区人偏好运动类；

2. 情感与互动因素的影响：脑区人最低，心区人最高，腹区人一般；

3. 面对挫折时的反应：脑区人愿意努力解决，心区人没有鼓励就很容易放弃，腹区人需要方法指引；

4. 重复性、持续性：脑区人最低，心区人对有情感体验的事物或场景百玩不厌，腹区人重复性的玩得最久。

解读腹区人性格的核心密码

喜欢独自待着，对周遭的环境更感兴趣，喜欢与环境较劲，仿佛身体里的每一个细胞都要接收到环境给予的踏实、安全的触感，也会跑来跑去，直到累了为止。

玩玩具也好，玩游戏也罢，给人的感觉更像是"战争爆发"，爆发力极强，后续一定会充分释放身体里所有的力量，用身体与环境或场景做连接，直到与环境或场景融为一体。如果玩不好，恨不得把玩具摔烂了才能解气。

精力体能消耗光了，玩累了，会第一时间首选吃喝补充体能，如果有条件，吃完了也一定会睡觉以继续补充体能，就像俗话说的吃饱喝足好睡觉。

案例分析

【案例】

孩子到一个完全陌生的地方，据我观察，如果是开放式空间（比如餐馆），她会比较好奇，东看西看，不会有特别紧张、焦虑的表现；但若是封闭的空间（比如去人家里做客），她会感到不适，离不开我。有人想抱她，她非常不愿意（不知道是不是处于认生期），有人用她喜欢的玩具逗她，她会被吸引几秒钟，然后马上掉头来找妈妈。要我陪着一二十分钟以后，才会慢慢放松警惕，开始跟别人互动。

【解读】腹区人天生对封闭的空间比较排斥，比较喜欢宽大明亮的环境，这代表更好的身体舒适度，空气流通情况不一样。这也是腹区性格人对总体环境的关注，不仅仅是对人和事。

跑来跑去、爬高上低等，让身体舒适就是腹区人的最爱。若让腹区人面对户外天地辽阔时，只是老老实实地待着不动，那是绝对不可能的，就好像不让心区人用心去连接外界，不让脑区人启动自带程序那般别扭难受。

腹区人从小就喜欢爬高上低，"上房揭瓦"，运动能力与平衡能力都高于同龄孩子。长大以后酷爱运动，如攀岩、登山、蹦床、轮滑等户外运动，腹区人在体能运动、身体耐力方面拥有与生俱来的能力。对于腹区人而言，大自然的广阔空间对其有着无与伦比的吸引力。因此，每当春暖花开的日子、阳光正好的周末，如果没有出去走走、动动，那就等同于浪费生命。

关于玩游戏，腹区的孩子从小更偏爱玩打小怪兽等对抗性比较强、争夺地盘类的游戏，长大以后玩电子游戏也是玩夺宝奇兵之类带领兄弟们抢地盘的对抗性游戏。

心区妈妈眼里的腹区孩子：玩玩具的时候基本都是自己进行，做得好要炫耀的时候会来找妈妈，其他时候都是自己研究，还能自己一个人翻绘本，反而表现得更有距离感。当然，受伤、难过时还是会第一时间来找妈妈，而且学会了自己喝奶、吃饭之后就不愿意让大人再帮忙，现在连尿不湿都要自己脱。

心、脑、腹区孩子在玩的独立性上的差别：脑区孩子需要资源的时候会喊人，心区孩子有问题就求助；腹区孩子大部分时候都是自己整，搞不好就不做了。

腹区人性格详解

我们再根据腹区人玩的模式来进一步把性格内在运行模式应用到腹区人的生活中：

接触新的人、事、环境后按照身体本能或传统风俗习惯第一时间做出本能的反应，整个反应的过程没有太多大脑思考分析与心理感受的过程。如果没有本能反应为原动力，那么基本没什么兴趣，既不会像脑区人表现出来的理性到缺乏人情味，也不会像心区人表现出来的试探和矫情。

按照身体本能的记忆直接反应，一旦行动开始，必定要达成结果，就

好像腹区人跑步,不跑到筋疲力尽不会停。再通俗点说就是:玩到底、吃到位、打到爽,尽情投入,毫无保留。

体能精力消耗殆尽,身体自动启动消化、吸收、沉淀的流程,依旧没有思想言语上的太多表现,所经历的过程,付出的行动,学习到的成果,统统转化成本能即身体与环境或场景融为一体,等到下次再遇到类似的环境或场景时,自动启动身体的本能反应,做出准确的应对。

对于腹区而言,一切都是勤学苦练,简单的事情重复做,直到最后转化为一种身体肌肉记忆的本能,就像脑区人需要启动大脑思考程序分析解决问题,心区人需要把握他人与自己心理情绪的连接之后再做更精准的回应。腹区人的这个过程好比学习打球,练好各种步伐与基本技术动作、与队友的配合战术,上了赛场以后自然地应对、处理各种状况,靠的不是大脑思考,而是日积月累出来的身体肌肉记忆的瞬间反应,俗称球感、位置感、空间感,等等。

总之,身体是腹区人的核心,是他们与世界与他人互动的主要媒介,这是腹区人面对世界独有的方式。

腹区人主要依靠身体的能量驱动生存,消耗体能,身体相对于大脑与心的运转频率更为缓慢,需要消耗的能量更多,所以需要第一时间通过吃来补充身体能量。

沉淀也就是消化吸收之后剩下的实际对身体有用的东西,而沉淀消化注定是要时间的,也是不易被观察到的。

对于腹区人而言,沉淀也代表着简化,复杂的东西一定不易被沉淀、记忆、理解。在生活中的体现是腹区人更为传统、因循守旧,比如打车软件流行的时候,很多腹区人依然坚持用传统的打车方式,目前手机支付流行开来,但依然有很多腹区人觉得没有拿着现金交易踏实、有安全感。

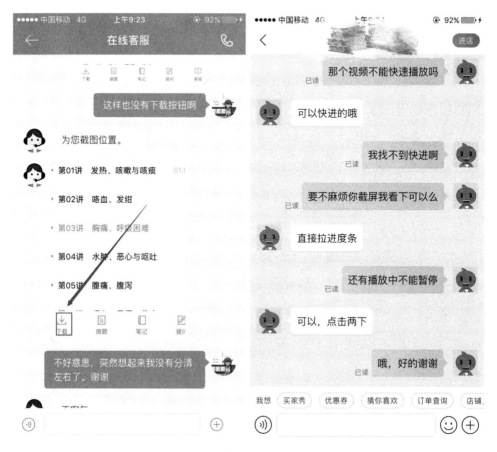

上下三幅图是我认识的一个腹区性格的医生晒的朋友圈，这些的确都是腹区的实情，包括来参与我的微课的腹区妈妈也相对少一些。

做事也是如此，腹区人不会说太多话，直接用行动说明一切。因为腹区人觉得，有说话的时间，不如直接付诸行动，等结果呈现出来，大家自然就会知道了，没有行动，说了也是白费力气。

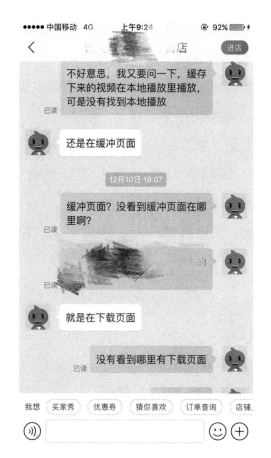

　　腹区人还有一个显著的特点：做事情只看重实际结果，不在乎别人说了什么或是做了什么。即便事情做完了，你想让腹区人分享一些经验谈一下心得，他们是说不出个所以然来的，但会直接示范给你看，这同样是身体本能反应的体现方式之一。如果你想预先问腹区人做法是什么，无果，非要到了现场之后，或者这件事情再次发生了，实际处理了，才会给你准确的答案。一旦腹区人给了你答案，基本代表着有结果，否则在此之前绝对不会轻易说出来。

　　腹区人的名言——你问我学到了什么，我也说不好，但我学习到的智慧已经融化到了我的身体里。

总体来说，腹区人如果发力做动作，一定是一个动作简单重复直到做到位。

脑区人的目标是成为科技达人，所有事情都得给我一个明确说法，一切运作原理、追求，我都明白，清晰可见，彰显科技的力量。

心区人的追求是艺术生活，一切的发生都只是一个形式，实际生活是艺术创作的源泉，为了更好地表达，呈现艺术世界的魅力。

腹区人的目标要么就是简简单单，吃饱喝足，过过小生活，要么就是目标远大，遵循传统，凭借直觉，长远布局，持之以恒地努力、重复，等待机会。

腹区人的认知发展规律

案例分析

【案例】

前几日晚上，婆婆带着优优去玩摇摇车，忽然优优抬头看到天上的月亮，用手指着开心地说可以吃吗？好吃吗？婆婆说那是月亮婆婆噢，到了月饼节就可以吃到"月亮饼"了。优优知道了，原来天上挂着的大大的"好吃的"叫作月亮。你再问她月亮呢？她会马上抬头望

着天空找月亮。又过了一段时间，我给她读绘本故事，绘本上刚好有月亮，我就问她："优优，月亮在哪里呢？"她竟然一下就找到了月亮指给我看，实在让我惊讶。

【解读】纵观优优整个的学习过程，你发现了吗？她是从实物（看见月亮）的学习到实物（认识月亮）的复习，再到图案文字等虚拟概念强化【迁移与发散】的过程。这是前面我们说到的腹区宝宝靠的是身体的爆发力与环境互动去感受外界的特点，因此，他们学习的"导航路线图"必须是先从体感实物再到图案文字等虚拟的概念。实物是能看得见也能摸得着的，靠肢体接触能被感知的环境和物品是专属腹区人的强项，具体来说比如看到了十次月亮（实物），才会印象深刻地认识"月亮"这个名词与概念，以此类推。

大家可以留意下身边的腹区人，一开口问问题或是学习，基本是直接问该怎么做、具体解决方法是什么等。如果你和他说原理，还要他思考琢磨一下，他会马上自动屏蔽。

因为腹区孩子的这一特点，所以在上学前，总感觉他们比其他孩子的理解能力稍差一些、词汇量等稍少一些，即便做了有针对性的学习游戏，也没有在学习上显现出过人之处，好在心态还不错。上学之后，老师说什么他们认真听什么，该做什么就做什么，上课听不懂也不会强迫自己弄懂，不懂的先跳过，之后就会忘了，下课回家写作业，如果没作要求，就不知道自己该干吗，看到别人玩自己也跟着玩，别人学自己也跟着学。心区孩子跟着感觉走，腹区孩子跟着环境走。玩好了要写作业了，不会写就是不会写。对于作业方面提出的要求会去执行，如果没提要求，该吃饭吃饭，该睡觉睡觉。甚至有的腹区孩子有时候会忘记老师布置的作业，第二天忘记带作业本。

125

进入高年级学习阶段，相对积累的比较好的腹区孩子，开始了后半段的发力，成绩呈现出来的是稳稳当当、扎扎实实的提升，不会出现大起大落。而跟不上趟的腹区孩子，积累的比较少，学习会觉得更吃力了。毕业之后工作、学习，也是对理论知识的学习不感兴趣，对于实际案例的学习兴致勃勃。

由此，我们可以得知腹区人学习的关键是实物，看得见摸得着的东西，所以需要实物做学习的载体，离不开和实际环境互动。也就是说，腹区孩子遇到学习问题，一定是现场用对应的实物解决当下遇到的学习问题，简单直接。

再来回顾一下脑区人和心区人的学习关键点：

脑区人学习的关键是大量搜集信息进行筛选匹配，扩充自己的现有目录，需要书本、电子设备、网站等信息平台与工具作为学习的载体，日常生活中也与这部分互动最多。脑区孩子遇到学习问题，会第一时间搜集是否有可以借鉴的路径，用大量的数据分析来解决问题。

心区人学习的关键是人，需要情感关系做连接，离不开人与人之间情感的互动，习惯性先观察对方对我的关注度，关注度的高低决定了对方对我的印象是好还是不好。情感连接的匹配程度，决定了学习的效果是高还是低。换言之，就是说心区孩子需要在不断的肯定、赞美中保持好心情，心情好了，学习上的问题都不是问题，统统搞定。

心、脑、腹区人性格的不同，决定着他们有着不同的学习起步方式，如同我们出行选择交通工具一般，有骑车的、坐公交车的、坐地铁的，终点却是一致的。腹区人从实物过渡到概念，脑区人从定义划分到匹配事情，心区人先从人再到事。

我们想深入了解孩子，目的都是为了更好地理解、尊重孩子的个性差异。遇到和自己同类性格的孩子，可能教育上妈妈更为顺手，但是接受孩

子和自己的不同，并且允许孩子做他自己，才是教育的最好方式。每一位妈妈虽然教育起步的阶段不同，路径不同，目标却是一致的，所以心、脑、腹区人各有各的方法，要允许求同存异。

腹区人的人际关系

案例分析

【案例1】

女儿有很多朋友，也能很快交到朋友，但是性格大大咧咧的，很多行为让小朋友、家长很不喜欢，间接导致她没有长期的朋友。有一次在游乐场玩蹦床，对方是一对姐弟，姐姐三年级，弟弟中班，女儿大班。她先带着两个人蹦蹦跳跳，后来她说一起玩"老狼老狼几点了"的游戏。因为在蹦床上走不稳，所以姐弟俩就跪着向前挪动了，她当老狼站在蹦床靠边的地方，然后就看到姐弟俩跪着朝她挪了。玩了一会儿，姐弟俩的妈妈看见姐弟俩跪着，就过来干涉了，但是三个小朋友其实都很开心的。我事后也跟她说了，她说不是她要求的，是姐弟俩自发的行为。这种情况在幼儿园里也不少，有的家长跟老师说，有的家长直接跟我说，有的家长阴阳怪气地在家长群里说。六月临毕业时，A家长说："马上毕业了，麻烦你跟你家娃说不要让她找我家A了。"但我家娃说她跟A还有另一个女生是大一班的"三大公主"，所以我

一直没有告诉她 *A* 家长的要求，我觉得孩子的世界没有大人想的那么复杂，我家孩子机灵，主意多，但绝对没有凌驾他人的想法和行为。

【案例2】

用老师的话说儿子可以和任何人成为朋友，可以和班里纪律好的同学玩，也可以和调皮捣蛋的同学玩。没人玩的时候自己待着，但不喜欢别人强迫他，不知道该怎么解决问题的时候会哭。

腹区人人际关系模式解读：

【应激】才华与聪明不及一个人的品行重要，这是老祖宗传下来的经验，因此长期相处，考察的是人品是否靠谱，偶尔也会因第一感觉很对味就会相信对方，没有任何理由。

【发力】我的东西你随便用，我的就是你的，你的就是我的。有什么事，请你直说，不要绕弯子，我有能力的事我就直说我可以做，我没这个能力的我也不揽这活儿。

【沉淀】与自己喜欢的那类人，一定长期来往，随叫随到，不叫不到，吃吃喝喝总在一起。相反的，默默离开，不会多说什么。

腹区人眼中朋友间的相处讲究的就是一个宽心。腹区人天生不拘小节、不太计较个人得失，自己吃点亏无所谓，给人比较踏实的感觉，朋友反而多。

如果你们身边有好朋友是腹区人，和他们在一起相处会感觉非常省心，即便你说错了话、做错了事，腹区人也不会放在心上，不会和你计较。因为腹区人特别仗义，不计较，即便做事情粗了点，但比起为人真诚踏实又何妨。

不知道大家有没有留意过，菜市场卖小吃的，那些生意好的，小吃便宜、实惠、分量足，做的长久的多数是腹区人开的店。这样的店面一般不讲究

装修，也谈不上服务，唯独靠的就是实实在在。再多的算计、再高的情商都抵不上时间的洗礼与坚持来的更有价值。

开饭店是很多腹区人的梦想，会有相当一部分腹区人把做大厨当作人生目标来实现。

顺便谈一下，腹区孩子打抱不平的出发点：很少会因为自己的事情而出头，为朋友仗义相助、关注社会正义等都会让腹区人挺身而出，"一腔热血"这个词大概就是为腹区人而生的！因此，如此仗义的腹区人，朋友多也不是无缘无故的。

脑区人人际关系是项目合作式关系，项目的不同阶段有不同人参与和离开，心区人人际关系是大家庭，一家人发生的不同故事，天大的事情都不要伤了和气。

腹区人人际关系是长期相处，人品靠谱，好朋友一辈子，有事你说话，能办的不说我也给办，办好了也不说。

腹区人的情绪表达

腹区人情绪表达模式：

不会轻易发飙，即使心里有不满也不会轻易地说出来，认为表达情绪没有什么用，需要解决的，直接以行动表示。

情绪超过了自己能承受的最大限度也就是应激值，认为已经到了必须解决的时刻，会一次性爆发到位；或者被彻底激怒了，会本能地爆发，一定要打一架才善罢甘休，只是动动嘴是绝对不可能的。他们没有脑区人的逻辑分析，也没有心区人的怄气、矫情。

脾气爆发完，身体能量释放完毕，事情就过去了，情绪归零，照旧该吃吃该睡睡，第二天睡醒就忘记了，不记仇，像没事人一样。

案例分析

【案例】

今天我吓死了，二宝和姐姐打架，这丫头果然是腹区人，不到两岁的娃，直接抓姐姐的头发，拿笔筒就要砸姐姐，幸好我看到及时拦住了。

腹区人的情绪表达比较猛烈、直接，没有心区人的弯弯绕、脑区人的讲道理。基本上，如果心区人和腹区人吵架，腹区人砸个门，扔个东西，或者出去撸个串回来就直接睡觉了，而心区人内心还在来来回回地怄气。

如果脑区人和腹区人有了矛盾，脑区人找腹区人理论，想弄清楚怎么回事，这时腹区人会觉得很烦，解决了不就好了吗？发泄完了，爽了不就行了吗？然后该干吗干吗，对弄清楚与否无所谓。

脑区人的情绪要有前因后果的说明，心区人的情绪是"明明白白我的心"，腹区人的情绪是"有啥不是一顿火锅能解决的，如果不能那就两顿"。

从睡眠识别腹区人性格

腹区人睡觉的内在模式：

到了该睡觉的时间，睡眠生物钟自动启动，困了倒头就睡，无论在什么环境中，无论遇到什么事，照睡不误。

睡得特别香，特别沉，让人感觉睡得特别享受，打都不见得打得醒，果然是吃饱、喝足、睡得香。当然，如果被吵醒了，会异常暴躁、愤怒。

睡得足、睡得好才算真正的睡觉，睡好、睡足，满血复活，精力充沛，身体能量自动修复完毕。

睡不够、睡不香的腹区人就好像手机没电关机了，吃饱、睡好等于手机电池已经充满又可以继续待机了。对于腹区人而言，遇到事情解决不了，反而更需要好好睡一觉，吃好东西，把身体能量修复了才好解决问题。

腹区孩子不好好睡觉，原因只有一个：运动量欠缺，不够疲劳，体能、精力没有消耗殆尽，需要消耗完毕后才能睡着。

脑区人事情不解决睡不好，心区人更多的是因为心情过喜过忧而失眠，腹区人睡不好一定是发生大事了。

从"吃"识别腹区人性格

案例分析

【案例1】

　　一天三顿饭，一顿都不少。我以前不怎么挑食，现在偶尔会挑剔口感，喜欢的就吃多一点，不喜欢的吃少一点。喜欢看餐具，所以买了一整套喜欢的餐具。没孩子时家里平时是老公做饭，有孩子后是公婆做饭，我也喜欢做饭，但是老公说我做得不好吃，现在只是偶尔做几个婆婆不怎么会做的菜。喜欢吃的东西会多次购买，比如前段时间喜欢吃小龙虾，就在网上买了好多次熟制品，在家热一热就可以吃，没有去店里吃，一是因为店里太贵了，而且夫妻俩去没意思（公婆一般不愿意跟我们出去吃饭）。我不怎么吃零食，没养成吃零食的习惯，另外也节俭惯了。

【案例2】

　　没机会锻炼，去年以前我一直是吃食堂的。因为食堂经常烧鸡，所以出去从来不点鸡。但是喜欢吃自己父母烧的鸡。家在安徽北部，但是大学毕业之后一直都在合肥，饮食结构完全不一样，所以特别喜欢吃家里的家常菜、主食、小吃等。胃口很好，基本什么都吃，也没太多讲究，所以胖胖的。现在偶尔也会烧几个荤菜，基本是葱、姜、蒜、盐、糖、料酒等作料都放点，自我感觉很好。

关于最重要的"吃"这个部分，腹区人见到食物的第一反应：直接上手，特别喜好肉类，"大口吃肉大碗喝酒"相当到位地形容出了腹区人吃喝方面的豪爽。千万别以为他们是没吃东西才这样，其实刚刚吃过，只是看到美食总会嘴馋，看到没有吃过的东西，别人又吃得特别香，自己也就忍不住要尝一尝。

吃的时候，狼吞虎咽，眼里只有食物，最好别跟我说话，我没时间说话，此刻我只想好好地享受美食，尽情地咀嚼、品尝、吃到位。荤素搭配的小炒不算菜，只够塞牙缝，有肉才是菜。但凡去菜市场买菜，恨不得批发，回来一定要把冰箱塞得满满的。

吃完之后，心满意足地摸摸肚皮，靠在椅子上或者躺在沙发上，享受着食物被逐渐消化的过程带来的满足感，意犹未尽地感受着身体能量像电池慢慢充满电的充实感。

吃对于腹区人来说是最核心的，所谓的最爱只要与吃相比，立马黯然失色，哪怕是吃饱了再看到美食也会忍不住流口水，还能继续吃！点菜点多的也是腹区人，在饭店吃饭，腹区人看邻桌这个菜不错，那个菜也不错，点，点着点着不知不觉就点多了。所以，爱腹区人最好的方式就是为他们做美食，有句话叫"要想拴住他的心就先拴住他的胃"就很适用于腹区人。

深夜看到朋友圈里还在晒的美食，对腹区人而言是一种摧残，用"舔屏"这个词形容腹区人此刻的心情简直太精准了，真有腹区人看到美食图片会想舔一口的！

腹区人某天突然不再吃某种他曾经一直吃的食物了，你使劲地劝说，不停地诱惑，但人家都丝毫不为之所动，也不改变自己的原则，这是腹区人身体本能的反应，试图用道理去说服腹区人是完全行不通的。

腹区孩子很少会有不好好吃饭的问题，胃口一般比较好，给什么吃什么，嘴巴不停，妈妈养育这样的孩子特别有成就感。

腹区妈妈带孩子特别重视吃，觉得这是给孩子最好的爱的方式，孩子吃饭香，那比说一万句"妈妈我好爱你"都实在。如果碰上了心区孩子，腹区妈妈立马就没有成就感了。

为了加深印象，这里将心、脑、腹人关于"吃"的方面做个总结对比。

心区人：边吃边聊，促进感情交流，吃什么不重要，和谁一起吃更重要。

脑区人：边吃边看新闻、打游戏，不管吃什么，一定边吃边做着事情，不要浪费时间才是王道。

腹区人：一门心思只专注吃这一件事情，任何人都不要来打扰。

腹区人对心区人的心声是：能不能吃饭就是吃饭，聊天耽误吃东西，碍事。

腹区人对脑区人的心声是：吃饭不积极、不专注，边吃边玩，反正你也不是孩子了，懒得管你。

所以，一旦有一天腹区人不好好吃饭了，一定是有严重的心理创伤了，不管大人还是孩子。

腹区人吃的好才是美好人生，腹区人最委屈的一句话是：都好几天没吃肉了……他们爆发力的源泉来自于自由吃转换而成的身体能量。

以上通过腹区人的性格、吃、情绪表达、人际交往、睡觉五个维度，全方位解读了腹区人的特质。

其实，遇到问题的时候我们会习惯性地启动自己最擅长的功能，比如脑区人查找资料、上网搜索分析比较，以补充自己的大脑能量，扩大自己的目录范围，运用大脑的力量来面对、解决问题。心区人遇事，会翻看自己的"朋友圈"，搜索一下哪些朋友能帮上忙，分别能帮什么，该如何互动，之前互动的情况是否适用于这次的情况。或者遇到自己状态不好时，找朋友聊天的目的也只是为了让自己的紧张情绪尽快得到缓解。腹区人对应的就是前面说到的吃饱睡好恢复自己的身体能量，方能满血复活。心、脑、腹区人的方式完全不同。

心、脑、腹区人是九型人格中三种基本的性格分类，也是本书的核心，这三章内容来源于我的教学经验，以便于无基础的人入门学习。在这三章里我对九型人格做了简化的调整与描述，可能存有片面之处，毕竟人与人是不一样的，如果看到这里你对自己、对家人的性格判断不准也不用着急，下面几章我会根据不同的性格组合的实际案例更深入地讲解，一步步解开性格的奥秘，并且在案例分析中也会提供更多的方法。

认识到腹区性格特点后，现在对腹区性格进行归纳、总结。

1. 一码归一码：腹区性格的人比较直接，他们把人与事分得很清楚，对就是对，错就是错。上一件事你对，这件事你错，不会把两件事混淆在一起，更不会为了贪图利益或某种关系而放弃原则。所以，腹区性格的孩子会显得不够灵活，不注意场合。

2. 缺方法：缺乏解决问题的方法、技巧是腹区性格的人在学习、工作和生活中普遍存在的特点，不太会自己琢磨明白，不会创新，需要他人教授以便在某种方法上进行改良。因而，他们在面对变化时，哪怕是微小的变化，也会懵，所以腹区孩子往往在字词等基础知识的理解上比较费劲。

3. 吃苦耐劳：勤劳、踏实肯干是腹区性格的普遍特点，腹区人不怕辛苦，不怕做事，不怕多花时间，最怕做事情没有结果，看不到成效。为此，多花点时间、精力不是问题，即便是简单重复、低效率的事情，能得到结果也是可以的。

概括来说，腹区孩子教育中，重点是指导解决问题的方法，并发挥他们踏实肯干的优点。

张宝 7岁

张宝　7岁

第七章
脑区妈妈与心、脑、腹区孩子

有的孩子，
对他严厉也是一种爱，
因为他有更强的能力，
值得拥有更高的成就。

性格差异与亲子关系

脑区父母对事不对人。沟通方式倾向于有事说事，如果谈感情能把事情说清楚那也可以沟通，如果说不清楚，谈情绪、感情这些无关的事情对学习没有帮助，那就不要浪费时间。想哭你先自己去哭一会儿，然后回来继续写作业。

脑区父母带心区孩子，没有过多情感上的感知与铺垫，孩子觉得父母总是看不到他的内心，总是否定他，努力了却没有被认可，特别受伤……父母却搞不明白，认为这孩子怎么那么矫情，情绪化太严重，不干实事，这怎么行？我得多说道理让他清醒清醒。

脑区父母和腹区孩子的相处特点在于，脑区父母先计划再执行，计划考虑周密，逻辑顺序弄清楚后，再开始行动。腹区孩子的特点是先执行再思考。脑区人总觉得腹区人没有计划、没想法、太过于鲁莽，腹区人觉得脑区人想的太多，没有实际行动，太浪费时间。

沟通中脑区人会列明计算中的各种可能性，腹区人可管不了那么多种可能性，你只需要告诉我能不能做、该怎么执行就行，否则后面都是糊里糊涂的。

脑区人的反应是最快的，腹区人的反应是最慢的。脑区父母带腹区孩子，沟通的最大问题是：父母都走到第三步了，孩子还没开始呢，于是父母开始着急抓狂，经常代替孩子做选择。

脑、腹区人组合，频道对了是最佳搭档，你说，我立马执行。相反，频道不对，我就不理你。

不要以为同区域的脑区父母与脑区孩子的亲子关系就会顺顺当当、很好处理，也会有很多沟通障碍。都喜欢做计划，都认为自己可以控制局面，因而脑区父母与脑区孩子之间经常上演的是制衡与反制衡的大戏。

◇有连接

脑区父母与脑区孩子性格同频的原因是，父母容易懂得孩子的心理需求，也知道如何陪伴，在这个阶段相对来说相处比较融洽，脑区孩子相对来说陪伴需求不高，自己也可以玩得很好。但是脑区人不太愿意在陪伴中投入过多的情感，这也会导致很多脑区孩子觉得自己没有得到陪伴，直接或间接地索取父母的陪伴与关爱。

脑区父母与心区孩子，经常处于没有连接的阶段，脑区父母相对来说屏蔽自己的情感投入，心区孩子则属于高情感需求的孩子，所以容易把情绪积压下来，变成讨好父母的孩子，亲子关系经常看起来比较和谐，实际上彼此冲突比较多。

脑区父母与腹区孩子，在连接阶段也会有连接不上的感觉，腹区人性格比较直接，疯玩、疯闹，没轻、没重，对于爱静不爱动的父母，在陪伴孩子上会觉得自己体力不支，也不想投入过多，所以，也有情感陪伴，但投入不足，总让腹区孩子觉得没有人陪伴，从而把情绪积压下来，导致拖延、磨蹭。

◇有方法

脑区父母在解决问题上是比较擅长的，无论是查阅资料还是动手能力都比较强，带脑区孩子则彼此会有很好的合作关系，脑区孩子又比较喜欢问为什么，追求答案，相对而言，脑区父母与脑区孩子这个阶段交流会更为顺畅。

脑区父母在帮助心区孩子解决问题的阶段，会因为脑区父母无意中的标准比较高，心区孩子达不到这个标准，又想讨好父母证明自己的能力，却证明不了，从而产生矛盾心理，阻碍了把资源用在问题的解决上。

脑区父母在帮助腹区性格孩子解决问题的阶段，遇到的障碍是腹区孩子表述不清楚自己遇到的问题是什么，加上脑区人习惯性地给予详细方案，而腹区孩子只能接受具体的、可被感知的、立即见效的方案。

◇有坚持

脑区父母与脑区孩子在这个阶段中，往往会因为彼此都愿意动脑子，不愿意动手，都会有点坚持不足。如果找到了共同的目标，觉得有所挑战，感受到不断解决问题的快乐，就会坚持久一些，如果没有具体的目标，则是不愿意坚持的。

脑区父母与心区孩子，如果顺利地磨合到了之前的阶段，脑区人在有连接阶段突破了自己的情感隔离，心区人在有方法阶段突破了自己浮躁的性格。此时找到了从自己内心出发的生活的意愿，也可以坚持下来。否则，做事很容易虎头蛇尾，很多事情最终不了了之。

脑区父母与腹区孩子，也度过了有连接与有方法的阶段。脑区父母擅长规划，腹区孩子擅长执行，并能长期坚持下来的特点，在这个阶段反而更能凸显出来。但是在做事情层面坚持容易，在坚持阶段磨炼个性、发展自我的时候，脑区与腹区人都会陷入不愿意深入自己内心，而走不太远的境地。

脑区妈妈与心区孩子案例示范

家庭背景：一位从事市场营销工作的妈妈，女儿7岁，就读小学一年级，目前孩子的主要问题是有很多不好的行为习惯（专注力差、做事拖拉、不自信），甚至已经影响了学习。写作业的时候也不专注，经常玩橡皮擦，或者找其他的东西摸一摸、抠一抠，坐椅子也不能坐端正，更可笑的是有的时候屁股和一条腿在自行车上跨着，另一条腿却在凳子上面，看着都难受。还有，早上起床时很多孩子都是直接穿衣服起床，但是她就喜欢抱着自己的娃娃边玩边起床。

案例分析

【案例1】

今天下午回家后，孩子说饿了就先找东西吃，吃完在我身边蹭了蹭【解读：孩子想和你亲近点，这是释放信号】，听到我说明天带她去度假两天很开心。进书房开始写作业，没一会儿出来了，告诉我不行，背不了，没说几句就开始抱着书哭。看到她哭【解读：心区性格的孩子容易哭鼻子，即便是男孩子也一样，内心不够自信，失败了容易自我否定】，我没有说话，静静地看了她一会儿后，我问她是不是感觉课文很长？担心自己记不住会背错？【解读：妈妈安抚到了孩子的情绪】她看着我点点头。我拿起书看了一下，说："嗯，确实有点长，妈妈可能也背不下来。但是，你看这篇课文有四个自然段，单独看一个自然段好像也不长，对不对？"她一脸可怜相地边哭边点头，我跟她讲："妈妈陪你一起来试试，看我们能不能背下来，你监督我好不好？"后来，我就开始背："ㄅ，怎么都行；ㄅ，有大有小；ㄅ，有多有少；ㄅ，大小多少……"其实我知道标题代表什么，我故意错了好几次，然后她就笑话我好一会儿，接着她就开始慢慢跟着我一起背了，没一会儿，一篇课文也就背下来了，之后录视频作业【解读：妈妈故意降低自己的水平，让孩子感觉到不难，从而树立信心，愿意尝试并行动起来】。录的过程中有好几次错字错词，她又开始闹了，很痛苦的表情，最后换了个她能接受的方法录完，录制内容完全正确之后给她个大大的拥抱作为奖励，她非常开心，接下来所有的作业也很快完成了。后面和我一起收拾行李，表现很主动。节省下来的时间还来了个睡前故事。

今天终于没有发怒【解读：脑区父母对于孩子没有遵守约定、打乱了时间安排，情绪是非常大的】，虽说看似一切平静，但中间录视频的时候闹了(差点没忍住，有惊无险)。之前她背课文时，如果错了字我就打断她，现在明白我错了，这样伤了她自尊毁了她自信心，她惧怕背课文，我今天和她聊了聊，问了她我每次打断她的感觉是什么？她告诉我很难过，再打断一次更难过。之后，我跟她道歉了，她原谅了我，我应该多给她些帮助和鼓励。心在哪里，成果就在哪。【解读：这段描述的随时追求标准的脑区妈妈和看重感觉的心区孩子间的冲突，彼此协商找到了解决办法】

【解读】脑区妈妈学会了处理心区孩子的情绪，这可以加深与孩子之间连接的基础。亲子关系从对抗状态，到了孩子感受到被支持、有动力去完成，也有了对自己的信心。

【案例2】

今天要去孩子班级做黑板报，走进校门时，看到老师正在带她往外走，跟老师打了个招呼，带她进教室了。在拆黑板报上的旧装饰时，她帮忙弄了一会儿。潘妈说："欣玥，你在干吗呢？你去写作业呀，写完回家就可以不用写了。"欣玥答应了，我也说："吴音希，你们可以一起写，你应该会很开心。"孩子也答应了。写完作业，她们去操场上玩了。黑板报做完，我们拿起她们的书包、衣服走到操场喊她们走。【解读：班级黑板报是留给家长的作业和任务吗？孩子是否也能参与呢？妈妈和孩子齐心协力完成一个作品该是多么有成就感的事情啊】孩子说她渴了。我说回家喝，几分钟就到家了。孩子说她水壶里有。我说没看到水壶呀（终于反应过来了，她发现我没带走水壶，套路我去找呢）。孩子说，掉地上了，让我去捡。我说："我只看桌子上的东西，我又不知道你把它掉地上了，那你为啥不捡起来？再说了：1.水壶是你的，2.水壶是你弄掉的，3.你自己的物品最好的保管人是你。你去捡吧，我可以在这里等你5分钟。"孩子说我讨厌，然后很生气地跺着脚走了。走了一半路停下来，招手喊我，让我去拿。我说："你去找，自己去拿，我负责等你。"后来，潘欣玥小朋友陪她去了，回来后给了我。【解读：孩子这个小脑瓜转得真是够快的，幸亏妈妈能够快速识别。为妈妈此次有明确界限，并坚定执行的做法点个赞】

到家后帮她先洗了头，我晚上有事要出去。我说："宝贝，妈妈晚上有个聚会，在外面吃饭，不回家了，你和奶奶在家吃吧！"她说不行，她还有拍视频作业。我让她现在背，我来录。她说现在还不熟。我说："那你在家练习下，我尽量早点回家。"她说："妈妈，我和你一起去，路上就可以背下来了。"（这套路，搞半天是想跟我一起去）我跟她说我们都是大人，没人带小朋友，她会觉得无聊的。她说不会觉得无聊，还有我呢。我说得征求阿姨们意见，同意了才能带她去。她看着我用手机发消息问，阿姨们同意了，于是主动去穿鞋子。路上背了一路，到了那里就要我录，录的也很快（平常不磨个40分钟都不行，今天8分钟解决）。吃饭时她很开心，有个阿姨带着2岁多的小妹妹去的，她吃完就带小妹妹去玩了。【解读：小朋友只要和妈妈在一起，做什么都是开心的，自己做的选择自然有意愿和动力去完成】吃完饭回家，想起来周三有英语作业要交，就开始做了，先听，再说，录了删，删了录，这也不行，那也不行，哭了好久，越哭越凶，对她没招了，请万老师指点，加上她也累了，按照万老师的指点，我们开始谈了。我说："你要不要录？我还有半个小时要上课了，就不能帮你录了，你选择吧。"她说录。我说："如果录，就要把握好时间，我只有半个小时，我的课也很重要。"她擦干了眼泪，读了两遍开始录，录完进房间了。

孩子说："妈妈，你帮我报听写，我还有听写没做。"我说："离我上课的时间还有10分钟，现在的10分钟是我上课前的准备时间，特别珍贵，我不能浪费。"孩子说她只要一会儿，会很快的。我说："只有5分钟，但你不能因为时间短就不认真，字很丑和错很多要重写，我没有时间了，你可以做到吗？"孩子说："可以，妈妈开始吧，别讲其他的了。"开始听写，速度挺快（4分钟），字写得也工整。写完我给她额头上按了个大拇指，抱了下她。【解读：做得漂亮，每个人都有自己的事情要做，妈妈的时间同样珍贵，妈妈为了学习也在争分夺秒，也为孩子做了榜样】我说："你借我的时间要还，以后尽量不要借我宝贵的时间。今天的时间从以后的陪伴时间里扣。"她同意了，说下次尽量早些。然后，自己整理书包，自己洗漱铺床睡了。【解读：让孩子知道浪费妈妈的时间也是要承担后果的，这种做法是对的，但是不可以拿妈妈的陪伴当作交换条件，妈妈温暖的陪伴是无条件的，也应该是无价的】

她睡了，我在想万老师昨天问我的问题，为什么怕老师？其实我俩都怕。

记得孩子在上幼儿园时，一天中午因为午睡被老师赶出午睡房去别的班睡，她和我讲了，我当时也就随便安慰了她一下，告诉她以后睡觉不讲话就行了，没有过多关注她的内心。还有一次是上课讲话，老师把她们关进小房子里，她告诉我其他几个同学吓哭了，她没哭。我还以为她胆大呢，讲了她几句，现在想来，她不哭比哭还可怕，哭了起码发泄了，不哭是内心受伤了，从那以后不管哪个老师她都害怕，加上我自己也有"内伤"，这可怎么办呀？还请老师多指点迷津。【解读：妈妈能够意识到自己之前忽略了孩子的内心，这是一种很好的领悟。每个人的心里或多或少都会有一些创伤，看不见摸不着，却影响着我们生活的方方面面，首先妈妈需要正视自己的过往，找到自己怕老师的症结所在，面对恐惧，接受自己，当然这可能并不容易，没关系，慢慢来，跟着妈妈课的进程，你会看到更真实的自己。善于觉知自己的情绪和内心才更容易感知到孩子的内心，感同身受地疏解和引导孩子，自己有力量了自然就能够推动孩子进步】

【解读】脑区父母擅长找方法，也能坚持界限，对于心区孩子则要注意把握好情绪引导的尺度，培养孩子更多解决问题的方法，鼓励陪伴孩子使其能力得以发展。

【案例3】

孩子好像渐渐地会安排自己的时间了，早上听读英语，开始慢慢养成写字帖的习惯了。我就在旁边观望，等她继续一段时间，再和她商量如何列入时间管理计划里。【解读：这些都是妈妈慢慢引导的结果！妈妈很有耐心，亲子关系连接深入，父母可以推动得更多，孩子会很快有进步的。不过要坚持啊】早晨一切处理好，愉快地去上学，美好的一天开始了。上午在手机上看见孩子得了今日早读小明星。下午回到家孩子饿了，就吃詹记小蛋糕(同事送的)，吃得很开心，我顺手拿过她的奖励本，我："我很好奇你得了多少星星。"孩子："你看看吧，我再有几颗星就可以换3朵红花了，妈妈，你今天看手机没？"我："看了，你和另外一个同学是今日早读小明星。"孩子："我读得好，得了5个星。"我："哦，什么是读得好，难道平常没好好读？"孩子："不是的，我有时收作业，就不能一直读啊，今天去得早，作业收得早，早读就不影响了。"我："哦，干得好！"孩子："其实，我也很想让老师拍照表扬我。"她拿着书包进书房写作业，过了一会儿，我进去看到她好像在玩但没批评她。我："哇，宝贝，你今天作业写这么快啊，数学写完了呀？"她不好意思地看着我说："妈妈，我刚才在玩还没写，我马上写。"我："好的，我们吃完饭要下去玩。"她写数学不好好读题，看着她在磨叽，我进去对她说："宝宝，以你的实力，这一页5分钟就能写完。"孩子："真的吗？"我："当然。"结果3分钟就写完了，一道没错。这孩子需要鼓励。【解读：妈妈的鼓励，就是在给孩子注入信心】孩子："数学搞定，写语文。"这时，楼下小朋友喊她去玩，孩子："洋洋，我在写作业，写玩下去找你玩，你等我啊。你作业都写完了？"洋洋："是的。"孩子："你怎么写那么快？"洋洋："我回家就写啊，我等你。"孩子："好的。妈妈，我怎么那么慢？"我："你写得不慢，是开始的晚而已。"孩子："我不该回家边吃边玩那么久，不然我也写完了。"我："你能明白这个道理就行，去忙吧。"孩子："我有点着急。"我："着急好像容易出错，错了还要重写，需要更多时间哦，我陪你一会儿。"她写练习册，写到"身"字时，不知道从哪儿下笔。孩子："妈妈，我不知道这字怎么写？"我："今天生字学了吗？有没有写？"孩子："学了，没写。"我："建议你先写生字再做练习册，这样可能会容易些，你可以试一下。"写生字时边写边看。孩子："这字咋这么丑？"我："肩平，背直，足安，握笔，你如果做到了，字是不会丑的呀。"孩子："我没做好，我把老师告诉我的忘了，我现在就做好。妈妈，两位老师都说，字写好看，长大以后人也会变得好看。"说完，自己边写边观察，嘴里念叨着：这笔应该这样写，字体太肥不行、太瘦也不行。突然哈哈大笑，把我吓了一跳，写好了高兴得拿给我看。孩子："妈妈，你看，我写的这个字和书上印的一样，这么美。"我："确实，这个字妈妈写得都没你写得好看，你看，写字也有基本功，那四个基本功做到了，你也行的。"孩子："爸爸是个不喜欢说话的人，爸爸从来不夸我写字好，爸爸夸我是不可能的。"说完，她继续写练习册。我把今天写的字拍给她爸爸，告诉她爸爸她说的话，她爸爸回复：小朋友比较了解我。她写完所有作业，我给她看爸爸发来的信息，我："爸

爸说还是你这个女儿了解他，爸爸只是不喜欢说话，夸你的话都在心里。"她开心地笑了。孩子："哈哈，我是我爸的亲女儿，我爸是我亲爸。"她嘚瑟地收拾书包，我瞬间觉得她爸和她的默契有时真是一个眼神就能秒懂啊。以后她遇到困难，我还是要多请教这位了解女儿内心的她爸啊。吃完饭，她带了喜欢吃的蛋糕，送给她的好朋友洋洋，并且一起阅读了故事绘本，玩到 20：40 回家，洗完澡就睡了。【解读：今天很顺畅。妈妈可以想想今天自己的心情如何？是如何耐心地引导孩子的？妈好孩子才好的局面如何继续保持？如何把爸爸拉进孩子的日常教育中来？虽然爸爸在异地，但是每天打亲情电话，爸爸关心孩子作业、考试，都会让孩子的心理能量增强】

【解读】脑区妈妈培养心区孩子的坚持能力，培养其学习习惯，使其养成一系列优良品质。妈妈在坚持原则之余，引导孩子对自己负责，调整孩子的情绪，肯定、表扬孩子。

脑区妈妈与脑区孩子案例示范

家庭背景：高学历的全职妈妈，孩子四年级，一直为孩子写作业拖拉磨蹭、不遵守约定的时间而苦恼，用过多种方法，最终成效都不大。

案例分析

【案例1】

下午5点20放学回到家，弹完吉他就进房间写作业，过了40分钟，我进房间发现他只写了两页数学练习册，我说："题目很难吗？你写得有点慢啊。"【解读：共情到位，没有进去就责备，而是问题目难不难，走进了孩子的心里】娃说："我没有玩儿，一直在认真写。"我上前看了看，每道题都按之前的要求画出了重点，我心里比较欣慰。"速度要稍微快点了。""好的，妈妈，我会快点的。"【解读：孩子之前被你吓怕了，所以你一去他就习惯性地做出各种解释，你以前肯定很凶】听到他的回答我还真有点懵，呀，他今天竟然这么配合，而且响应得这么心甘情愿，这是出乎我的意料的。放在以前我要说好几遍"快点写，快点写，听到了没"，他才会不情愿地回答一句"知道了"。我愉快地关上了门。快7点了，他爸爸打电话让我们去奶奶家吃饭。我说："你快写完了没？饭做好了。"娃说："你先去吃吧，我作业还有一些没写完。"【解读：这么自觉的孩子哪里我】我说："先去吃饭吧，一会儿饭就凉了，回来再写。"娃出来，我说："吃完饭你先回来写作业，我要出去拿点东西。"娃说："好，不过你回来时我可能写不完作业，我会认真写，绝对不偷玩，我在预习语文，有好多知识点我要写在书上。"【解读：孩子对妈妈以前的咆哮还是有些恐惧的，这些保证就是恐惧的映射】娃很认真地跟我讲。我有点吃惊地说："很好，只要认真写就可以。今天特别好，能这么自觉地学习，妈妈真的

挺高兴你能这么主动地跟我讲话，以前咱俩发生矛盾就是一直都是我在说，你低着头，要么不讲话，要么就是哭。我着急啊，不知道我对你说的话你有没有听进去。今天真的挺好的，我说的话能得到你的快速回应，你也愿意回答我为什么今天会写得时间长了，甚至还能主动地告诉我让我放心你会一直认真。今天我感觉自己很轻松，不用盯在你的背后不停地唠叨。今晚的作业时间你自己安排哦。"愉快地吃过晚饭，我们各忙各的事情了。希望明天是更加美好的一天。

【解读】妈妈改变了与孩子的沟通方式，开始从孩子的角度关心孩子，而不是按照自己的习惯论对错，亲子关系的连接开始加深，孩子不再把精力用在和妈妈的对抗上。

【案例2】

　　孩子病了，一大早被肚子难受闹起来了。吐了一次，脸色苍白，我问他这么难受还能去上学吗？他说可以坚持，我心里有点担忧又暗暗为他点赞。【解读：脑区孩子一旦认定的事情，是不太娇情的，敢于承担责任】其间问了几次孩子在校的情况，说还可以。中午老师给我打电话说孩子很不舒服，我马上过去把他接了回来，又吐又拉，挺受罪的。后来睡了两个半小时，醒来，一直趴着，我说："还难受吗？要不要起来坐会儿？生病很难受吧？你看你前几天刚吐过一天，好了就开始光吃肉，肉都不好消化，现在又难受了吧。"娃说："嗯，我知道了，以后不能光吃肉，要多吃蔬菜，生病太难受了。妈妈，今晚作业发出来了吗？"我说："还没有，你这么难受还能写吗？"娃说还是写吧。【解读：脑区性格的人会坚持原则，按照既定心理的约定完成对应的事情】之后继续缩在床上。后来，老师在群里把作业发出来了。

我说："作业出来了，不是很多，需不需要我跟老师讲一下你的情况，今天的作业就不做了，等身体好了再补上？"娃说："这样不好吧？"我说："不舒服的状态下学习效率和准确率都会降低，不如等身体好了再补上。"娃略有所思地点点头。在床上躺着说："妈妈，我发现只要我不想着难受这件事，我就真忘记难受了。"【解读：脑区性格的人能把情绪和事情分开，身体本身产生的不适感相对而言也会影响小一些】

【解读】随着孩子对妈妈的信任加深，把更多的心思用在了自己该做的事情上，脑区性格孩子的优点：信守承诺、事情第一等就发挥出来了。

【案例3】

明天期中考试，今天作业不多，娃都在学校写完了。我让他把数学作业检查一下，一会儿我做二次检查。他说不用检查，明天考试，老师不会批的。我说："为什么老师不批就可以不用检查了？你做作业是为了给老师看的吗？"【解读：这种理清情绪时的语气听起来像是质问，对于脑区性格人来说是正常的。无论是自己说，还是听别人说自己都能接受，不会有太大的情绪】娃不讲话了，慢悠悠地吃了东西、上了厕所，终于开始准备检查作业了，却突然跑过来跟我讲数学作业忘带了。我心中真是万马奔腾："那怎么办？好像很久都没出现不带回作业的情况了吧？"娃说："我认罚，做份卷子吧。"呦，出乎我的意料，我也这么想的。【解读：懂得自觉承担后果的孩子，比写

100份试卷都好】我说："没想到你这么自觉，好吧，为了表扬你的自觉性，我们就做一半吧，只做序号为单数的题目，做完，检查后出去打会儿球吧。"娃一听开心极了，乐颠颠地去写卷子了。还没半小时就写完了，我问检查了不？他说不用了。我说好，出了错得认罚。做得还不错，很快就下楼打球了。遇到不少考前放松的小伙伴，疯狂地踢了会儿球，回到家洗漱完，九点就睡了。今晚真算最近过得比较轻松自在的一晚了。【解读：脑区性格的人对事不对人，妈妈与孩子彼此都能够直接地说事情、说规则，反而相处得更轻松】

【解读】孩子接受规则，承担自己的责任，这是进入了有坚持阶段，更多地反映了孩子有了自己的追求，同时父母也有力量，能推动孩子，不放松对孩子的要求，陪伴孩子成长。

脑区妈妈与腹区孩子案例示范

家庭背景：从事企业管理工作的妈妈，孩子四年级，因为孩子的不良学习习惯，拖延磨蹭，自己控制不了脾气而打骂孩子，所以比较自责。

案例分析

【案例1】

　　女儿上乐高课，有一个男生老是惹她，把她惹急了，她就踢那个男生，在这之前老师已经介入了他们之间的争执。不过，那个男生还是喜欢惹我家娃，估计就这么一个女生，男孩想引起她的注意吧。娃昨天再一次被惹急了，直接动武踢了他，然后还很生气，说不想上乐高了。我是觉得我家娃学过格斗，所以怕她打架。后来我也想通了，怕也没有用啊。【解读：怕也没有用，而且是没有发生的事情，就看妈妈怕的是什么，如果是怕把别的小孩打伤了，那么一般小孩子间打架不会很严重，只要有承担后果的底气也就没有那么害怕了。腹区性格的人喜欢身体接触，通过行动以及身体来表达自己，也容易制造人际关系中的冲突】跟娃说，要先警告惹你的孩子，警告不听，那就告诉老师。娃说："我不告诉老师，老师也管不了，惹我，我就踢他。"我说："好吧，但是不要打脸。"娃说就踢屁股。

　　男生被踢屁股，苦歪歪地告诉老师，老师也没理他。我家娃上课情绪老是被打扰，这还能认真听课吗？女儿根本不能接受任何惹她的事。只要是对的，我就坚定不移地支持她！

　　娃后来看到妈妈改变态度，还很惊讶，很开心。【解读：她觉得那个男孩已经打扰到了她，尝试过了自己警告没用、告诉老师没用的状况，那么孩子也有自己的判断和处理方法，说明孩子很有主见，所以就让她去按照自己的意愿做就好，孩子自己会有数的。作为妈妈，

能够和她站在一个战线上，娃自然把妈妈当成自己人，妈妈说的建议她也能听进去并接受。妈妈的坚定是对孩子的信任，也是对自己恐惧的释然，所以这就不是事了！】

【解读】腹区性格的孩子比较有原则，处理人际关系不太灵活，容易吃亏，而且自己也说不清楚，也是容易被"冤枉的一方"。脑区妈妈不再较真原则，而是用心和孩子沟通，这是获得孩子信任的第一步。

【案例2】

今天让我震撼了！原因是语文课上女儿又是最后一个写完作文的。之前上陶老师的课，就发现这个问题了。

咨询了老师，老师说在她心中我女儿能力很强，上课表现也很好，但是在动手写作文上，表现的跟她的自身能力有差距，就感觉她对自己没有要求。

我问了女儿，她说她很想写好，但是写到中途，就不知道该怎么写了。【解读：如果腹区孩子没有实际的经历，是很难用语言表达出来的】

我觉得她还是能力有问题。虽然我不愿意承认我女儿作文不好！虽然现在比以前好了，写作文基本不要我在旁边陪了，自己写。但有时不会写，需要我提示。

今天写动物，课堂老师说可以写乌龟，但是想挑战的，可以写其他动物。她写了小兔子，但她没有亲身体验喂养过，所以不会写。想也想不出来。看起来是磨蹭，实际上是心里没有货！所以写不出来！

155

下午，我去参加了悦书屋的读书会。芳芳老师跟大家讲《你真好》的绘本，我竟然听哭了！

我心里想到一件事，没有受到温柔滋养的妈妈，也不会带给娃温柔的感觉。

没有受到绘本滋养的妈妈，也不会带给娃深深的内心体验。

我们那一代父母，严厉有余、温柔不足、鼓励不多，长大后，我们变成了我们不想变成的样子，也用那种方式教育我们的孩子！

我给娃读过很多绘本，但是有声有色、有启发性、震撼心灵的讲授却没有！

娃心里没有体验，又怎么能写出作文？更别说写出好作文了！

在开车回来的路上，我痛哭，这种哭，也释放了我从小没有被绘本滋养的痛！哭完，竟然很开心，我想我知道如何引导娃写作文了！

本周孩子老师布置作文，仿写走月亮的一段。在月光下的体验娃没有深刻体验到，写出来的，完全是干巴巴的文字。怎么办？虽然晚上9点多了，二话不说，带娃出门，走月亮。

我们走到小木桥，看着弯弯月牙高高挂在天空，微风吹起，凉风习习，水中睡莲散发淡淡清香，偶尔的蝈蝈声和鱼儿跳出水面的噗拉声，打破了静谧的夜，文章自然而然在娃心里产生。回家完全不需要我来引导，自己快速写完，还说："妈妈，老师让写五行，可我完全刹不住！"我问娃："你能感受到有很多话想表达出来的感觉吗？"

如何让娃体验，其实要从每一个小点开始。比如妈妈给娃读绘本，妈妈让娃做家务，在这些过程中，引导孩子表达。【解读：情感也是孩子要体验的一部分，当有了这个素材，孩子才会吸收变成自己的。有了输入，才会有输出】

【案例3】

今天要出差，早上女儿起得很早，开开心心地吃完早饭，跟我抱抱，亲亲，然后说再见，上学去。我告诉她："我知道你很优秀，但是没有想到你那么优秀，超过了妈妈的想象。"女儿听了特开心，上学去了。这个时候我也觉得自己特别开心。一上午工作也很有激情。以前总是为孩子焦虑，现在稍微能放下来一些。【解读：腹区性格的孩子相对而言自信心不足，脑区的父母容易高标准要求，有点吝啬对孩子的表扬，这会加剧孩子的不自信。当孩子听到妈妈的肯定，得到这份肯定后，有了自信心，对学习和生活也有了更多的向往】

自从学会给孩子空间后，感觉女儿进步飞快，而且变得特别懂事。放学回家后知道先做作业，每天自己完成各类打卡换积分，不太需要妈妈催，而且原来盯半天才能学好的东西，现在很短时间内就可以完全掌握。比如英语、钢琴、默写字词。第二天的书包收拾、衣服准备也都是自己弄，我就负责提醒一下。万一忘了提醒，她少带东西也不会哭，她自己承担责任。我发现女儿开始有脑子了，以前我总喜欢说她没脑子，做事情丢三落四，看来还是我的问题，真的很自责！【解读：放手给孩子锻炼和成长的机会，比什么都重要】

学习方面，女儿开始有了自己的安排，比如知道要在老师要求的时间前完成作业，说万一哪天有事忘了写，就能用上了！

【解读】脑区父母敢于给孩子空间，信任腹区孩子，不担心孩子犯错，让孩子承担责任，自己可以面对焦虑，这就是能让孩子开始认同规则、形成良好习惯的开始。

157

小小　8岁

音希　10岁

第八章
心区妈妈与心、脑、腹区孩子

有的孩子，
需要被爱、被包容，
需要看见他的受伤与付出，
能及时被安慰与欣赏。

性格差异与亲子关系

心区性格相对于脑区与腹区性格明显的区别在于，对他人情绪与感受很看重，很多时候比对事情本身和结果更看重。

心区人和脑区人相处的特点是：心区人先人后事，也就是先要建立情感上的连接才能处理事情；脑区人先事后人，也就是对事不对人。两者完全相反的方式，要不怎么称得上是相爱相杀的头号组合呢？

心区人认为脑区人没有人情味，只是就事论事，不解风情；脑区人觉得心区人看重关系浪费太多感情毫无意义，反而忽视了事情本身。

沟通习惯：心区人先肯定后否定，以情感导向的鼓励、赞扬、安抚为主；脑区人先否定后肯定，以事实为依据，以最高标准为原则。

心区父母带脑区孩子，情感表达太丰富，会过多地肯定孩子。孩子会觉得父母哪来那么多的不必要的情感表达，不尊重事实，所以不领情，甚至有时候还会直接指出父母说的不当的地方，这就让内心戏十足的心区父母感觉很受伤，觉得孩子太无情了。甚至会出现脑区孩子"利用"父母看重情绪感受，通过哭等"手段"来控制父母。

心区人和腹区人相处的特点：心区人先感情后事情，比较婉转细腻；腹区人的个性是有事说事，比较直爽大气。两者相处经常会发生腹区人听不懂心区人在说什么，心区人则抱怨腹区人没意思，不好沟通。

心区父母带腹区孩子，总觉得这孩子不够灵巧，有点粗野；孩子会觉得父母管得太多，有点烦躁，父母的话听不懂。

心区父母与心区孩子，情绪好的时候，彼此之间的眼神都能演戏，一旦状态不稳定，彼此之间则容易恼气。

下面我们结合亲子关系的三个阶段具体地说一说：

◇有连接

心区父母与脑区孩子，如果父母尊重孩子的空间与界限，脑区孩子会独自探索世界。心区性格的父母比较喜欢与孩子互动，此时对孩子反而是一种干扰，造成彼此之间连接不畅的情况出现。

心区父母与心区孩子，心区人喜欢有连接与陪伴，因而能走进彼此的心里，感情比较深，亲子关系连接的部分比较强，愿意一起玩，也能玩到一起去。

心区父母与腹区孩子，腹区孩子喜欢自己动手，不喜欢他人帮忙，哪怕自己的尿片都想自己换，不让他人动手。而心区父母喜欢帮助孩子，怕孩子做不好，在这点上两者容易发生矛盾，从而连接不顺畅。

◇有方法

心区父母与脑区孩子，脑区孩子在解决问题上比较有天赋，心区父母能够尊重、挖掘并欣赏孩子的天赋，愿意配合孩子。如果心区父母只按照自己的观点行事，那么，脑区孩子不仅不服，还会用自己的智慧来找父母的漏洞，抱怨父母的效率。

心区父母与心区孩子，因性格相通，所以更容易找到适合彼此的方法，心区人擅长使用讲故事、举例子的间接表达方式，这也是适合心区孩子的学习方法，所以这个阶段双方容易形成默契。

心区父母与腹区孩子，腹区孩子最弱的就是解决问题的方法，同时也不擅长表达自己遇到的困难。好在心区父母比较敏感，擅长发现孩子的问题，但是心区人习惯的方式，若腹区孩子无法通过实践性的体验领会方法，出现不一致的情况，反而会影响亲子关系。

◇有坚持

心区父母与脑区孩子，心区父母这个阶段容易心软，遇到善于钻空子、逃避责任的脑区孩子，若自己的原则性不强，反而会让脑区孩子坚持的品质更难培养。妈宝男最容易在心区妈妈和脑区儿子中产生。

心区父母和心区孩子，不擅长坚持原则的父母，与难以持之以恒的心区孩子碰到了一起，彼此都难以突破，到了最后时刻，逼一把才能让孩子意识到坚持的重要性，孩子才愿意磨炼、突破自己。

心区父母和腹区孩子，腹区孩子在坚持上不用父母过多操心，反而此时孩子还会给心区父母做如何坚持的示范和影响。

心区妈妈与心区孩子案例示范

家庭背景：父母都是大学老师，孩子就读小学二年级，教育的重点是提高孩子的自主能力。

案例分析

【案例1】

娃今天上午写读书笔记，这对他这个一年级刚升二年级的小朋友来说有些难度，需要我的帮助。他自己把《萌萌兽历险记——崭新的一天》看了一遍后，只记住了书中好玩有趣的事情，希望自己的衣柜里也藏着萌萌兽，并问我他的衣柜里为什么没有。因为我对书中内容也不了解，所以我看了看书，了解了一下内容，引导他把书中相应内容读了一下，读一部分设置相应问题，让他回答，最后我问他为什么看不见萌萌兽呢，要写读书笔记的时候是不是想着这个很难，想快点完成，但自己又不知道怎么写，所以这里动一下，那里动一下呀，娃说是的，我说那这样你的内心安不安静啊，娃说不安静，我说这就是你看不见萌萌兽的原因了。他接着又问，真的有萌萌兽吗？我说你觉得呢？这些在我们的心里，你觉得有它就有了。【解读：心区妈妈擅长猜测孩子的心思，能把孩子没有说出来的话表达出来，这样的互动能加深连接，从而推动孩子】接着开始写读书笔记，这时弟弟回来了，一进屋子就来找哥哥，又去客厅拿着一把枪当消防水枪，满屋子跑假装灭火，跑到哥哥屋，结果我就听见哥哥哭了，这时我正在卫生间，只听见哥哥说弟弟拿枪打他头了，很痛，外婆和爸爸都说了弟弟，说不可以拿枪打哥哥，很痛的，这时我出来了，先去看看哥哥，他已经不哭了，我问他怎么了，他把事情跟我说了一下，我摸摸他的头说很痛吧，他说是的，我告诉他弟弟这样做他并不知道自己的这个行为是

打人，他可能只是想跟你玩，只是还不太会表达，我们下次也把自己的感受告诉弟弟，可以说：你这样哥哥很难受，很痛。你也可以用你自己的方式阻止弟弟，比如把弟弟的手里面的东西拿开，妈妈也会告诉弟弟。然后我去客厅找小儿子，他还拿着枪在手里玩，我问："宝贝，刚刚哥哥怎么了？"弟弟说没什么，我接着说："那哥哥刚刚为什么哭了呀？"弟弟说他拿枪打哥哥头了。我抱起弟弟说："那哥哥一定很痛吧？"弟弟说不痛，我说："哥哥肯定很痛，哥哥哭了是不是啊？"弟弟说是的，声音有点低，我说："宝贝是想跟哥哥玩是吗？但是哥哥在写作业，我们不能去打扰他，知道吗？你拿枪用力弄在哥哥头上（我尽量避免用打这个字），哥哥会很痛的，所以宝贝以后不这样了好吗？"弟弟答应了。（但每次还是会把哥哥弄哭，哥哥很少还手，除非真的是很生气了才会还手打弟弟）【解读：妈妈处理得很好呢，照顾到了两兄弟的感受。这里体现出了心区性格擅长互动、感受彼此的情绪优点】

【解读】心区父母与心区孩子的相处像是演话剧，有互动有场景，能够深入孩子的内心，容易得到孩子的信任。

【案例2】

　　晚上哥哥睡前突然想起，自己还有一幅保护洱海的画没画，我问怎么办。哥哥犹豫了，我说："你可以选择现在画，当然你就会睡的比较晚，因为已经9：20了。你也可以选择今天先睡觉，明天我早早地叫你起床再画。"爸爸进来就说，赶紧画吧，明天肯定起不来，我跟宝爸说，你不要帮他做决定呀，他可以自己决定的。哥哥想了下，表示现在要睡觉，明天早起画，我说可以，那赶紧睡吧，明天早点起。【解读：这个处理很赞，理清楚了事情的责任，并能坚持下来，从而推动孩子】接着我去带小宝睡觉，我内心希望他快点睡着呀，我好赶紧准备问题，上万老师的课，可这家伙偏偏不配合，一会儿说要尿尿，一会儿说屁屁痛要擦药，给擦了药，又说要喝水（每晚的惯例），喝了水躺了会儿，又说膝盖痛，要擦药，我给擦上，问好了吗？说好了，一会儿又说痛，要擦药，让我开灯看看。我开灯看看，没事儿呀，有一点红印子，我说妈妈给你摸摸好吗？说不行，还要开灯看，我有点急，但还是得保持平静，不然孩子也会感觉到，好吧，我去拿云南白药给他喷，喷完说好了，我问他外婆带他睡觉可以吗？妈妈要上课了。说不行，就要妈妈陪。没办法，继续保持呼吸平稳，带着睡觉。估计 2 分钟后，9：50 左右睡着了，我赶紧去准备上妈妈课了。【解读：小家伙也感受到你着急啦，感受到妈妈想尽各种办法让宝宝睡觉呢，所以宝宝就各种不睡，无奈没扛过自己的瞌睡虫，太可爱了】

【解读】妈妈和哥哥的互动，对于心区性格人来说是非常难得的，能够坚持原则，不被孩子的情绪带走，又有处理和引导孩子情绪的能力。

【案例 3】

周末大宝的时间被安排得满满的，除了作业，还有数学线上课程、英语线下课程、国画，写完这些老师布置的作业，还有校内作业——教师节卡片制作、熟唱《我和我的祖国》，还要写课外辅导班的作业，每一件事情的量并不大，但是需要比较好地安排时间，而大宝到现在还没做计划，今天直到中午，卡片、校外作业，还有熟唱歌曲的事情

都还没做，下午又有国画课程，晚上他还要去参加同学的生日会。我觉得他做不完，所以我跟国画老师沟通了，下周上两次课，这次课不上了。于是中午吃完饭我就问他："你还有什么事情没有做呢？时间还够吗？下午还得去画画吧？"他说不够，我问他怎么办，给他提供了两个选择，第一个，下午去画画，晚上参加同学生日会，回来完成各种事情，会熬到比较晚。第二个，下午的画画课考虑一下是否要请假，先把这些事情完成。大宝想了一下，说请假吧。我说可以，但老师说了这周请假下周要补上一次，就是周六，周日都去画画。你觉得合适吗？答可以。所以中午回来，他就说要做卡片，我说："你选好、找好材料就做吧，但如果你需要我的帮助的话，可能要等弟弟睡着才可以。如果不行，我觉得你可以合理利用时间先做别的事情。"于是他就去做数学的课外作业了。等小宝睡了再做的贺卡。边做贺卡我边放《我和我的祖国》给他听。直到6点多才把这些都做完，但歌并不熟练。我问他这些状况是因为什么，他说因为没抓紧时间。我问要怎么样才能更好地利用时间，他说要有安排。我说是的，所以你需要做什么。答做计划。可还是没有真正去做计划的行动。接着就送他去同学家。晚上回来也很晚了，再次检查作业、修改。【解读：刚开始孩子还没有做计划的习惯，也不知道如何做，妈妈可以帮着一起做，共同商量制订，这样坚持一段时间后就可以让孩子自己做，妈妈来协助，主要是尊重孩子的意愿，引导孩子把需要做的都列出来，固定的时间卡死之后，其他事情就可以安排填充到空白的时间里。慢慢来，先做起来再说，心区性格的孩子更需要有这样的引导过程】

今天大宝要去学校门口当值日生，非常开心，早上六点半就起了，超级积极，因为昨天歌没唱熟，早上自己又练习了一遍，车上我们还一起唱，但他只记住了第一段没记住后面的，我说没关系，再练习练习就会了。送到学校，离按照规定值日的时间有点紧了，我们一路跑，但他还是那么开心，因为这是他一直期待的事情。我在学校门口等着，看他带上值日挂带站在那儿才离开。【解读：心区人做自己喜欢的事情投入度很高，如果不喜欢投入度明显降低】

晚上大宝写作业，有两份阅读笔记，估计他有点畏难，读过后，说要下去玩一下。我给出了选择：第一个，你可以选择下去玩，但大概只有15分钟时间，因为你一会儿还有英语课，需要预习，而且这样的话，你上完英语课再写读书笔记可能会很晚，除非你可以提高效率半个小时把作业都写完。你考虑一下是否能接受。第二个，你可以现在先写一些，然后再上英语课，但很可能没有下去玩的时间。因为那时比较晚了，小朋友们都回家了。大宝犹豫了，打开书准备写读书笔记，但眼泪又要出来了。我知道他内心是想下去玩，但又纠结作业。我说如果你想下去玩就去吧。大宝说不去了。那你怎么要哭了呢？大宝不说话。我说："你现在情绪不好，效率也低，所以我建议你先暂停一下，问问自己内心想干什么，做自己想做的事情。"我又补充了一下："如果你实在想下去玩也没关系啊，但自己得负责任，承担后果。"大宝说："好吧，我还是下去玩。"他按照约定的时间回来了，预习、上英语课，接着写读书笔记。我看实在太晚了，写到第二篇的时候，他说那篇他还没读，等他读完再写完肯定十一点了。我忍不住跟他说："这篇妈妈可以帮助你读一下，但下不为例，因为这原本是你自己的事情。"写的时候，有些字不会写，我让大宝自己查字典，他也没有着急的情绪。最后还是按流程把所有事情做好，再讲了个故事睡觉了。【解读：妈妈处理得很好，把结果和孩子说清楚，把握住了原则，又

让孩子自己去选择，给孩子充分的自由同时也要有承担责任的勇气】

【解读】今天的相处，心区妈妈对事情，对孩子以及他人心思的敏锐特点都有很好的处理和引导。特别是最后作业的完成，在坚持原则的基础上，又照顾到了孩子的情绪，让孩子知道以后该怎么办。

心区妈妈与脑区孩子案例示范

家庭背景：父母为银行职员，孩子就读小学二年级，教育孩子的重点是提高孩子的情绪管理能力，培养良好的学习习惯。

案例分析

【案例1】

今天周六，带娃放飞自我。中午兴趣班下课，和几个同学一起吃的中饭，5个大人带5个娃，那叫一个热闹啊，娃一直处于亢奋状态。下午，和朋友约好一起带娃去做手工。在陶艺馆，刚买过单，就出问题了，一个别的客人做好还没烧制的陶坯，孩子和妹妹（朋友的孩子）一人摸了一下，就坏了。没办法，赔钱了事。【解读：脑区孩子看到新事物，好奇心要比一般的孩子都重】（后来妹妹说她摸的时候就已经坏了）陶艺做好后，孩子还要做饼干。（寒假时晚托班的寒假营有这个活动，陶艺＋烘焙，因为孩子脚扭伤了没能参加，一直很遗憾）做就做呗，和妹妹一起做完饼干，看烤箱在烤制，非常好奇，动不动就跑去看一下，我怕出危险，就把手机给她玩让她老实一点【解读：心区妈妈知道孩子的心思，却宁愿放弃原则满足孩子，最好告诉孩子后果是什么，并让孩子有所体验】。玩着玩着，突然连不上网，孩子把手机往桌上一扔，老母亲刚买的手机壳，就这样碎了……（以前怕手机被摔坏，一直用硅胶的手机壳，最近喜欢上一款玻璃的，刚换上没几天）我把手机收回，告诉她手机壳坏了我不怪她，但是不能再玩手机。晚上吃过饭，娃爸来接我们，在车上，我让她自己和爸爸说犯了哪些错误，她表述得还挺清楚，说明意识到错误了，就没再批评她，问她："你说怎么办吧？"她装傻不回答。"要不，赔别人的78元你出吧？"这回反应很快："不行！""为什么不行？""我舍不得。"（平时不给零花钱，约定好考一百分奖励5元，这学期到现在才攒了30元，如果真要她赔，肯定心疼死了……）"那犯了错误，就要接受惩罚，要不，扣你两颗小星星吧。"（日常生活和学习中，我们约定表现好的地方加星，表现不好的扣星）"好吧。"晚上洗完澡，规定好睡觉时间又超了半小时，今天的小星星第一次出现负数。【解读：孩子为自己有意或无意做错的事或违反规则，承担一定后果，这样孩子慢慢会懂得如何为自己负责，对今后的学习与生活很有帮助】孩子有点沮丧，我安慰她："没关系，今天玩好了，明天我们多写几张试卷，认真一点，争取多得几个100分，把小星星补回来！"孩子听后开心地去睡觉了。【解读：这里妈妈安抚娃娃的同时又巧妙地提出了要求，既有心区性格人的灵活体验，也有让步】

【解读】脑区孩子的好奇心与规则遵守意识在这里被提炼得淋漓尽致，而妈妈有意识的坚持、按照原则办事，反而会促进与脑区孩子的亲子关系，脑区性格人是要把事情弄清楚的，只是妈妈还是放弃了一些原则。

【案例 2】

昨天，娃吃过晚饭时间还比较早，问她先玩一会儿，然后要干什么？她回答说要写试卷。我看了一下她的作业，语文做的是第五单元测试卷，看来又快要考试了。（每次上完一个单元都有单元测试）我出练习册和试卷（自我检讨：焦虑的老母亲又越界了……）关于这一单元的试卷有三张，问她想做哪一张，她说只想写一张。我说可以，不过这几天都要抓紧写，因为一个单元上完很快就会考试的。娃写完语文试卷，让她写数学时说不想写，然后开始玩起来。看她玩了一会儿，没有停的意思，我找出数学练习册和培优课堂，让她选一个做一点。她玩得开心，头都不抬说不想写。我说："要不，我们像上次一样抢着做吧。""好，我们比赛。"娃放下玩具拿起作业和笔，开心地写了起来，还不停地催促我："来啊来啊，妈妈快抢。"但是这次由于太着急和我抢题做，频繁出现计算错误。（兴趣是被调动起来了，但是正确率太低）"这题好像不太对哦。""对的，没错。""那我来改正错误，这题就算我赢了哦！""等一下，等一下，哦，我知道了，24+13=37,是 37，不是 47！"【解读：心区妈妈有目标时总有办法调动孩子，只是这样的方式会让脑区孩子自己做计划的能力和优势体现不出来】打洗脚水之前，我发现地上有一串塑料珠子手串（是娃的，不知道什么时候掉地上了）"咦，这个手串是谁的？""是我的，妈

171

妈快给我。"（想起来上次娃在晚托班拿小朋友东西，让她还她不干，说是在合子上捡的这件事，我决定演出戏）"这是我在地上捡的，就是我的了吧？""不是你的，这是我的！妈妈，请你还给我。""啊！是你的啊？可是我好喜欢怎么办？""你喜欢也不是你的，是我的。""那好吧。我捡到一串手串，好喜欢啊，可是不是我的东西我不能拿。请问这是谁的手串啊？""是我的，是我的！""还给你，下次收好了啊。""谢谢妈妈！"【解读：心区妈妈擅长通过游戏体验的方式，让孩子领会事情的本质，弄清楚逻辑关系，这对于脑区孩子来说是一种很好的学习方式】洗脚的时候，娃玩手串，把手串绳子弄断了，珠子掉一地，我还没反应过来呢，娃就爆发了，把手上剩的几颗珠子一扔，就想大哭大叫。看来，我又该出场了。"唉，谁能告诉我发生什么事情了？""妈妈，我的手串断了。""所以呢？坏脾气大魔王要出场了吗？""不不不，我来帮助好脾气公主打败它！""那现在呢？是谁赢了？"娃深呼吸几次："是好脾气公主赢了，妈妈，妈妈，我们战胜坏脾气魔王了！""那我们把珠子捡起来，明天一起串上吧，今天不早了，去睡觉吧。"【解读：这样的引导不错！脑区娃想要发脾气，咱先问清原因，跟她来个责任归属，让孩子跟随你的思路走，嘻嘻哈哈，事情就过去了】

【解读】在处理孩子的情绪上，心区妈妈总是不够淡定，脑区性格人会直接表达情绪，而心区妈妈怕孩子伤心，会干预孩子的情绪，没有让孩子的情绪表达充分，这样会让孩子的情绪管理能力不能很快提升。

【案例3】

前天晚上睡觉前，娃跟娃爸说被老师罚了。娃爸问她怎么回事，她说放学的时候不小心碰到了张××（他俩在学校和晚托班都是同班同学，前几天也为了这样的事情闹了矛盾，一直没有很好地解决），张××就踢她，她还手，被老师看到，老师让她站在队伍最后面。娃爸就问她碰到张××的时候有没有道歉？她说还没来得及道歉，张××就踢她了。（娃有点大条，经常碰到别人或者碰倒东西自己都不知道……）娃爸教她："你不小心碰到张××，应该向她道歉，她打你，你应该告诉老师，或者大声说："你为什么打我？"不能直接还手。如果老师不管或者她继续打你，你就再大声警告她："你再打我就还手了！"【解读：孩子明显觉得委屈了，自己被踢了还被老师惩罚。有点情绪，对于脑区孩子的教育，逻辑要说清楚】孩子睡着后，我翻开晚托班家校练习册（一直都是回家就看，有事情都会及时处理的，前天急着完成妈妈课作业就漏了），看到老师写着放学和同学打闹被罚了，孩子情绪有点低落。我觉得这不是简单的打闹，娃被老师误会（老师只看到娃打张××，所以只处罚了娃）有必要解释一下，孩子之间的小矛盾如果请老师出面处理可能也会更快和解。当时太晚了，第二天和老师沟通了一下，老师说下午放学和孩子沟通沟通。【解读：鼓励孩子自己沟通，自己处理人际关系，要信任孩子的能力，教育脑区孩子要把流程说清楚，最好先演练一下】

昨天下班回单位考试，没有去接娃。考完试和老师电话沟通，老师说了解了情况，两个孩子都比较敏感，比较记仇，老师也教了孩子以后碰到这样的情况该怎么处理。晚上睡觉前，娃又和娃爸说（一般都是娃爸哄睡，睡前就是他们父女谈心的时刻），还是有点不开心，因为老师让她站在最后。（应该还是对老师只惩罚她一个人这件事情耿耿于怀）娃爸安慰她："没关系，咱高啊，站在最后往前一看，全是小矮个。"（我的神，娃爸这样会不会把娃带歪啊……不过娃爸也和娃约定好，这是小秘密，不能告诉其他人）父女俩咯咯咯咯地大笑了半天，娃终于开心了。

【解读】处理人际关系不是脑区孩子擅长的领域，此时父母要坚定地站在孩子这边安抚孩子情绪，先有连接，再教孩子对应的处理方法。

心区妈妈与腹区孩子案例示范

家庭背景：父亲自主创业，妈妈全职教育孩子，教育的目标是培养自信、阳光、积极向上的孩子。

 ## 案例分析

【案例1】

今天和孩子约定好，写完作业就可以早点下楼找小朋友玩，并且约定八点钟必须回来泡脚然后冲澡。和小朋友玩得很开心，到时间了

喊他回来也立即答应了，没有抵触情绪。回到沙发上抱着我在我脸上亲来亲去，我也回应他抱抱他亲亲他。然后跟他说妈妈现在去准备泡脚水然后我们开始泡脚。我去喊他的时候他有点磨蹭，然后我边开玩笑边抱他去泡脚了。过程中不知怎么了，突然对我大喊大叫，我说："你有什么事情可以好好说，妈妈不喜欢你这样。"其间还动手打我，我说打人是不对的，我们昨天还约定好了，有事情要好好说不能打人。他就说大耳朵图图每次不听话的时候他妈妈就很生气，然后还打他。我说："你觉得这样好不好？你的妈妈有没有这样对你？"这句话一出，他立马又生气了。说他他不服气，跑到房间生闷气，让他自己把头发吹干，然后把衣服穿上。他把头发吹干之后就把吹风机往地上一扔，继续生气。【解读：腹区人的情绪没有宣泄完，心区妈妈的方式让孩子的情绪更大了】爸爸跑过来跟他说有什么事情跟爸爸说，问他今晚到底怎么了？遇到事情先说出来，这样对妈妈、对长辈是不对的。给他找了乱发脾气相关的书籍读给他听。但他依旧没有说今晚为什么生气，然后自己抱着书看了会儿睡着了。孩子还是不知道怎么去表达自己的情绪，遇到不满意的事情或者达不到他要求的事情就大声喊叫以表达不满，或者直接动手。这一点可能之前我们做得不到位，没有很好地引导，他大声吵闹的时候我们就依了他顺从他了，可能已经让他形成固有思维，觉得只要大声喊叫吵闹就能达到自己的目的。跟小朋友之间也是遇到矛盾就大声喊，或者直接上手了。【解读：腹区孩子的情绪出来了，让他合理地表达出来挺难的，在家里可控的场景内，允许他以摔打抱枕等安全的方式，先把身体里的情绪发泄出来，然后让他表达，再去找发脾气的源头，否则他的怒火发不出去，脑子也会糊涂想不明白】

175

【解读】与腹区孩子做连接，要让腹区孩子的情绪宣泄出来，讲道理分析问题等，需要在孩子情绪宣泄后才可以进行。

【案例2】

今天下午放学后接孩子回家的路上，孩子兴奋地跟我说："妈妈，今天我们班级得到流动红旗了。"

我说："你们班小朋友真厉害耶！说明上次淘宝节大家都很努力耶！"

娃说："对啊，老师说我们都遵守纪律，还把卫生打扫干净了，妈妈，我好开心啊。"

我说："妈妈也替你们高兴，这是大家一起努力的结果。"

（这个腹区孩子越来越暖了，以前我主动问他在学校发生的事情，他都是淡定地回答：没什么啊，还好吧）【解读：心区妈妈引导得很巧妙，在细节中寻找机会】

到家自己玩了一会儿就开始写作业了，因为快期末考试了，老师布置的作业是平时的两倍。娃一看作业记录本，开始有点小情绪了："我今天的作业语文数学加起来有7项，那我得写到什么时候啊？"我说："是不少耶，不过妈妈也有很多家务没做完耶，我们现在开始分头行动，每做完一项我们就击个掌互相鼓励一下怎么样。"【解读：心区妈妈很细致，把作业变成好玩、有趣的游戏】小朋友觉得很好玩，瞬间行动起来了。我也去整理衣服了，他写完一项就兴奋地跑过来跟我拥抱一下、击个掌，然后继续努力。如此几个来回，一个半小时后所有作业全部写完。找我签字，我说："妈

妈还没忙完，饭马上就做好了，吃完饭妈妈给你签字好吗？"吃完饭检查作业，口算写得很认真而且全对。我故意很夸张地表扬了他："长大一岁了就是不一样，越来越厉害了！"他爸爸下班回来，孩子主动告诉他爸爸："我今天提前写完了所有作业，妈妈表扬我了，而且今晚我还有时间去找小朋友玩，我真开心！"他爸爸也及时给予了肯定与鼓励！晚上他爸爸跟我说："看来孩子也要多鼓励，你做得很好。"

【解读】心区父母擅长鼓励孩子，以设置细节的方式将事情变得比较有趣，给生活增强色彩，这样的方式能更好地调动孩子的主动性。

【案例3】

　　孩子这两天已经放寒假了，让他休息了两天，没提学习的事情。今天早上把老师发的作业给他看了，也让他自己安排作息时间。一开始有点不高兴，跟我说不是已经放假了吗？干吗还要学习啊？我说："放假是在家里学习啊，你看之前上学的时候每天上午四节课下午两节课，放学写作业还得两个小时。但你刚刚安排的时间里你每天只需要两节课的时间就能完成任务耶。"一听立马开心了，说那太爽了。【解读：心区妈妈用直观数据的方式，让腹区孩子明白了具体的道理，帮助孩子理清了认识。当认识清晰了以后，腹区孩子表达情绪会比较直接】出去遇到小朋友还跟小朋友分享了这个事情。我也一直没有督促他写作业的事情。下午自己安排看了一个小时书，晚上跟我说要看会儿电视，我说你是不是还有更重要的事情没做完呢？他自己意识到了，

说："谢谢妈妈提醒我，我先去写作业，然后再看电视。"【解读：培养腹区孩子的习惯，也是先以培养能力为主】

【解读】在有坚持的阶段，心区父母需要做到相信孩子、不让自己的情绪影响孩子，给孩子一个信任、安全的环境，再给予方法具体地指导教育孩子。

安安　8 岁

安安 8岁

第九章
腹区妈妈与心、脑、腹区孩子

有的孩子，
需要细致的陪伴、耐心的呵护，
不急不躁，静待花开。

性格差异与亲子关系

腹区人性格特点为先大后小，先轮廓后框架，先实践后理论，先粗犷后细腻，先结果后过程。

腹区人和脑区人相处的冲突是：腹区人先实践后理论，逻辑说得再好听，不做一把看看怎么会有结果呢？而脑区人是先理论后实践，理论能行得通，沙盘演练没问题，再实践执行，减少不必要的资源浪费。因而，腹区父母和脑区孩子相处，多数情况下脑区孩子并不特别认同腹区父母的做法，总觉得自己更聪明，可以掌控父母，凭借自己的脑袋把握关系。

腹区人和心区人相处的特点是，腹区人直接，心区人间接，腹区人先整体后细节，心区人先细节后整体。这样的模式在亲子关系里，容易造成心区的孩子觉得腹区的父母漠视他，容易积压愤怒，"我的细腻你们竟然看不到"。

腹区性格人与腹区性格人相处，如果是成年人则会因为同样的性格原因同频共振，所以问题不大。而在亲子关系中，孩子成长过程中需要有一颗细腻的心灵去感受、发现世界的美好，这是孩子成长中最基础的需求。腹区父母与孩子的粗犷，在此会遭受到很大的限制。

◇有连接

腹区父母脑区孩子，这是天然容易产生合作关系的组合，腹区父母喜欢给孩子空间，脑区孩子也乐于有自己的空间，所以矛盾不太多，但是互动显得不够深入。连接中没有冲突，也难有高质量陪伴。

腹区父母心区孩子，给空间的腹区父母遇到了渴望陪伴的心区孩子，腹区父母会因为心区孩子得不到陪伴，又处理不好孩子的情绪而烦躁，容易导致亲子关系中的冲突，解决的办法是父母要用心高质量地陪伴孩子。

腹区父母与腹区孩子，在彼此都喜欢的打打闹闹中，亲子关系容易融洽自如。相对而言，腹区性格的人容易放松下来，周末喜欢去户外放松的，多是腹区父母与腹区孩子。

◇ 有方法

腹区父母与脑区孩子，如果腹区父母能接受脑区孩子的十万个为什么，在挑战自己的各种底线中放松下来，给孩子空间自己探索，遇到问题时用成年人的资源去帮助孩子就好。如果在底线上与孩子较劲，则会忽视脑区孩子的探索，甚至会打断他的探索。

腹区父母与心区孩子，遇到困难时心区孩子更希望得到帮助，有一个支持才能度过，而腹区父母秉承的原则是孩子要独立完成，所以，在此则容易造成彼此冲突，往往会因此而干扰了应该解决问题的精力投入，导致事情进展不顺，孩子的能力也发展不足。

腹区父母与腹区孩子，恰恰在有方法地解决问题上遇到了最大的困难，腹区父母擅长做，不擅长分析与讲解，而腹区孩子在描述问题上也显得不够精准，以至于在问题面前彼此都有点裹足不前，所以能力培养上进展很慢。

◇有坚持

腹区父母与脑区孩子，如果能顺利度过前面两个阶段，此时父母的腹区性格在原则问题上，对大是大非的坚持，反而会促进脑区性格孩子的成长与进步。脑区人的坚持会有点目标性，以个人利益为导向，腹区人的坚持则以集体主义导向为主。

腹区父母与心区孩子，在这个阶段的困扰依然是对心区孩子的情绪的引导与处理，否则很难进入坚持阶段，父母对孩子的影响也比较少。因为心区孩子更认同内心的触动，而不是行为的塑造。

腹区父母与腹区孩子，都有坚持的品质与能力。这种坚持更多的是事情的完成层面上的坚持，在内心素质的培养、内心突破与成长方面的进步，以及内心历练与发展的品质锻炼与塑造上有些不足。

腹区妈妈与心区孩子案例示范

家庭背景：父亲从事企业管理工作，母亲是全职妈妈，孩子小学三年级，困扰是孩子的成绩不稳定。

案例分析

【案例1】

今天接孩子放学，我迟了2分钟，孩子没看到我就自觉回去在门卫室那里等我，我心里挺欣慰的，说明平时的嘱咐他听进去了，接了他之后，我心里想着，自己要改变，于是用朋友的口气和他说话，并且表扬他今天我接到他之前的这个行为，感觉他情绪里带有一丝意外，因为平时路上我都是问今天作业多不多之类的问题，他也没有太多回应。到家按门铃，我发现他踮起脚已经可以够着门铃了，我用十分惊讶的口气说："哇，你都这么高啦，不用跳了。"孩子其实很自豪，但装着高冷的样子回："是呀，是不用跳了，我再给你按一次看看？"【解读：腹区妈妈改变与孩子的沟通方式，哪怕只是在最简单的地方夸奖下孩子，对于缺乏自信的心区娃也能收到不错的效果】回到家之后，照例洗手吃东西，然后写作业，不知道是不是因为明天要秋游，他思想有点放松，作业有点拖拉，我没忍住，口气生硬地批评了他，吃完饭，准备出门买明天秋游的东西，出门前聊了一会儿："今天学校有什么好玩的呀？"他照例回："没什么好玩的。"要是以前我就不理他了，今天想想，笑嘻嘻的，当他是朋友似地问他："啊？没有好玩的？那你坐在座位上发了一天呆啊，那不是太惨了？"这一下，孩子好像有话题了，跟我聊了今天和同学玩的游戏，什么人说了什么话……还开心地抱了抱我，去超市的路上，我也和他一路聊天，孩子似乎也特别享受这种氛围，买零食时，也是尽可能让他自己选择，我适当地否

决一些，例如不买糖、不买家里有的东西，孩子也没什么抵触，除了对糖有点遗憾之外，其他的还是十分愉快地接受了，我感觉除了学习的时候我还是忍不住发脾气，其他时候，我觉得这样和他相处还挺愉快的，什么时候学习时也能相处愉快的话，就太好了。【解读：互动，对于腹区妈妈来说，是通过学习成长的】

关于零花钱的事，孩子的意思是用劳动、好的表现来赚取自己的零花钱（目前都是每月月底给他10块钱，跟发工资似的），我说可以，孩子说了一句话，让我挺意外的："这样的话，那月底的10块钱就不要发给我了。"说实话，我本以为他会赖皮呢，然后我说："小伙子，可以嘛，觉悟挺高啊！"我们一起哈哈大笑起来。【解读：对于心区孩子，你先给他温暖，他会加倍回报你】

【解读】腹区父母与心区孩子破局的第一步则是关心与表扬孩子，心区孩子得到肯定后才会主动起来。否则心区孩子容易陷入裹足不前，甚至畏难的情绪中，从而会让个性直爽的腹区性格类型的父母头疼不已。

【案例2】

最近我想明白了一个事情，心区娃有时候只是情绪的宣泄，而我却不允许，这是对娃的一万点伤害，我还不够淡定！以后如果出现这种情况，我就静静地陪着他，他哭也是哭给我看的，我就看着他，哭完了，擦把脸，问问他哭够没，如果没有，就继续。今天背不好绕口令，他哭了，我看着他："想哭去房间哭，哭完了再来，我不相信眼泪，我相信你的实力！"孩子说："我不去上课了，以后什么班我都不去了。"（我知道他想好，但是耐力不够，自信心不够）然后就各种矫情开始了。

我说不可能，孩子问为什么，我告诉他，我们家从未有过逃课、半途而废的经历，也绝不允许这样的事情发生！我说这话的时候，语气坚定、不容置疑！然后跟他分享一篇文章《自律》。孩子听完说他不想自律！我很冷静地告诉他："那么你的未来是没有前途的！"【解读：心区孩子听到后觉得自信心进一步被打击了，而腹区父母的习惯是向前进，不后退】孩子擦擦眼泪，说他背！我说："你背吧，我计时。"孩子开始背，第一次用时1分钟，第二次54秒，孩子开始有信心了，说："虽然还达不到要求，但是，妈妈，我是不是进步了！"我说是的。第三次55秒，孩子又要崩溃了，我问他需要休息还是再来一遍，孩子说再来，第四次45秒，达标了，孩子一副激动万分的样子，这时候我告诉他："你要相信自己的实力，冷静下来一定能做好。"孩子问："妈妈，你是怎么知道的？"我说："因为我相信你有这个实力。"孩子开心地和我蹦蹦跳跳去上课了，对于背诵绕口令这段，我其实还可以和孩子比赛，看谁背得好，我在背的过程中，可以示弱，让孩子指出我的问题，增加背诵的趣味性，让我让他、帮他背诵，变为他主动挑战自己！效果应该会大不一样吧。【解读：比赛互动，把过程变得更为有趣，一次一个小目标，推动孩子的积极性向前发展】

【解读】心区孩子喜欢有互动性、细腻有趣的方式，让枯燥的学习变成生活的一部分。对于腹区性格的父母而言，习惯把事情一次性做到位，坚持到底，所以，这里就产生了方法上不一致的冲突。

【案例3】

　　昨天孩子与小伙伴约好今天来我家做手工，但是因为小伙伴另外一个朋友要过生日，有饭局，所以今天孩子放学时提醒我的时候，我告诉他小伙伴来不了了，并告知原因，孩子开始各种不爽，我说："你要多交朋友，不能只有一个朋友。"孩子说："我就不愿意交朋友，一个人就一个人呗。"（我知道他心里不痛快，说的都是赌气的话）但是我听了情绪还是受到干扰，想了想，大概说了下多交朋友的优势，发现孩子沉浸在自己的世界里出不来，我就闭嘴不说了。回到家，孩子平时是要吃东西的，家里有他爱吃的蛋挞，今天居然不吃了，直接拎着书包要去写作业。我说蛋挞你不吃啊，孩子还在赌气，说不吃，我说你不吃那我吃吧！看得出来孩子其实是想吃的，他说这个蛋挞不好吃，我说是85度的，你不是喜欢吃的吗！孩子说85度的啊，还以为是门口那家的呢！然后自己吃起来。（老母亲心里暗笑，儿啊，你的演技越来越棒了）【解读：腹区妈妈学会了"逗"心区孩子，这有助于帮助心区孩子从情绪里走出来】吃完蛋挞吃芒果干，又吃葡萄干、奶酪，然后准备写作业了！一分钟左右，又出来了，跟我说今天学校发生的事情，一件一件说得绘声绘色的，我知道孩子这时候已经慢慢平复了情绪，这时候我和孩子也没有多说什么，重点表扬了他助人为乐的事情：自己的看图写话写完了，帮助其他同学查字典。（孩子一直很内向，不知如何表达自己的情感，常常话说的容易得罪人，我一直为他的情商感到担忧）我说："宝贝，这件事你做得真棒，懂得帮助别人，这样你会赢得很多好朋友的！"（老母亲见缝插针地把之前的观念说出来）孩子开心地蹦蹦跳跳写作业去了。【解读：心区孩子的性格平静下来后，更容易接受父母的观点与引导，也适合这样现场

分析与互动的方式】

【解读】轻松愉快的方式，不被情绪所牵绊，这是心区和腹区相处的重点，同样也是腹区父母与心区孩子交流的重点。腹区人若学会细腻地表达情绪，就可以带领心区孩子放下情绪，变得稳定而有坚持。

腹区妈妈与脑区孩子案例示范

家庭背景：爸爸从事工程管理，妈妈周内全职带娃、周末上班，女儿就读六年级。

案例分析

【案例1】

假期爸爸要上班，姐姐报的学而思考试要复习，这个假期正好可以在家好好休息一下。

30号放学回来，晚上就带姐姐跟同学一起看了爱国电影。1号上午我堂妹生孩子我要去医院，爸爸陪两个孩子在家看阅兵仪式，下午爸爸到新房子去干活，我要去帮忙，让姐姐在家写作业，她说可以带去新家写，还可以陪弟弟（知道去了也写不了多少，想着一个人在家

不放心，跟就跟着吧），结果坐在车里两个人就睡着了，一下午连写带玩的，两项作业都没有完成，晚上吃过饭又在陪弟弟玩爸爸手机。我就想着跟她好好谈谈，好好把假期计划一下。我说："我们玩也玩了，电影也看了，放松一天了，明天开始要想想作业怎么完成了。"毕竟有好多作业要做。不知道哪句话说的不对，惹到她了，反正就是各种不情愿，说我怎么怎么不管她了，总是说她的不是了，说我说话讽刺了……总之好像都是我的不对了，接着就跟我对着干，往沙发上一躺，看电视了，看就看吧，还拿着苹果吃了起来，明明知道弟弟咳嗽不能吃凉的、甜的，还故意引弟弟。（心里越想越不对，怎么每次都是这样，明明是自己做的不对，最后还要全赖到我头上）不行，我开始有点不开心了，不能忍着。弟弟就一直吵着也要吃苹果，坐在弟弟面前吃还告诉弟弟："你妈说你不能吃。"弟弟越吵越凶，爸爸开始忍不住了，要给弟弟烫烫吃。我总算是找到出气筒了。对爸爸说："不行，医生说的话你没听到呀？"爸爸："烫热了没事的。"我："什么叫没事？不凉了它是不是甜的？你能不能有点原则呀？"爸爸："不给他吃你看行吗？老是哭。"我开始大吼了起来："什么叫不行？我不给他吃苹果他还能把我吃了吗？你以为你给他吃就是对他好，他就会感激你吗？你就讲点原则吧好不好？"（爸爸知道我是借题发挥，也就没跟我计较，弟弟看我吼了也不要吃苹果了）反倒是姐姐接话说我："你是不是疯了，在发什么神经？"（我心想你终于接话了）我："我就发疯了怎么着？这是我家，我想什么时候发疯就什么时候发疯，你管得着吗？就像这个电视，我说不能看就是不能看。"（说着我顺手关了电视）她被我怼的没话说跑去洗澡去了。（一顿火发的，管他对不对，反正吼出来我是舒服多了）本来想着姐姐会就此结束。没想到人家洗完澡又接着打开电视看了起来。看来今天就是跟我要无赖了，她开我就关，要赖我也会，就这样呗。结果惹急了她就拼命跟我吵，说我无理取闹（我就闹了）。吵着吵着我感觉她开始避重就轻、推卸责任了。【解读：脑区性格的孩子没有道理地发脾气，一定是有目的的，这个要能辨别出来。这里腹区妈妈做得比较好的一点是，知道了孩子的意图，坚持了原则，只是没有理清楚问题在哪里而已】

话说人家就是这点好，打过骂过转眼工夫就像什么都没发生过，今天早上起来又屁颠屁颠跑到我床上跟弟弟打闹。说好的上午带弟弟出去玩玩，我说你要是去的话就赶紧去换衣服。一家人出门了，到了海洋馆一看门票，两个脑区人开始算账了，爸爸说他把我们送进去他就不进去了！姐姐也说她也不进去了，还说都是小孩子玩的，没意思。我说："你们两个还真是父女俩，一家人好不容易出来，扫不扫兴啊！要去都去，要不去都回家。"后来到了门口发现人多得挤不动，想着毕竟弟弟还小，还是放弃了海洋馆选择了附近的欢乐岛，半天时间我跟爸爸负责各种轮流排队，两个娃玩得非常开心。下午回来两个娃都累得睡着了，我跟爸爸又去接着干昨天的活，晚上回来，我在各种忙活，姐姐就在陪弟弟吃东西的事情上来回折腾，一晚上时间浪费了又开始抱怨自己什么事都没干，说着说着，突然说到要不是上午出去玩，要不是妈妈说难得一家人出来怎样怎样……（看看，我还没说话呢，她就又开始推卸责任）我正好在旁边听到了，就想跟她说道说道。我心平气和地跟她说（还一再强调对事不对人）："妈妈问你几个问题，你只要回答我是或不是就行（就知道她会找各种理由，所以只让她回答是或否）。1.早上我们要出去玩的时候你不愿意吗？"她说没，但是……我说没有但是。"2.大老远到了以后，我是说一家人要玩都玩，可是就算当时你跟爸爸不玩，是不是也要等我跟弟弟，也不能马上就回来？"她说是的。"3.既然时间都浪费了，是不是还不如进去大家一起玩，更何况你玩得不开心吗？"她说开心。"下午回来你睡觉不是我让你睡的吧？"她说不是。"那就麻烦你帮我解释一下你刚才说的'要是上午不去玩，妈妈不说一家人……'是什么意思？"她说："我没有说什么呀！我说的不是你想的那个意思。"我说："我想的是什么意思你怎么知道的呀？玩得开心、睡得舒服不就行了，干吗还非要我个借口呢？"（这次终于怼赢了一回，而且让她哑口无言，心里别提有多痛快）姐姐反而不说话，去做自己的事情了。【解读：脑区性格孩子的抱怨、借题发挥等方式，更多的是为掩护自己，把属于自己的责任推给他人。腹区妈妈这次认清了事情，据理力争，不给孩子空子钻，反而更能让孩子的心思回归事情本身】

【解读】在应对脑区性格孩子的情绪上，父母一定要提高警惕，辨别孩子是真的有情绪，还是有其他情况，同时，此时自己不要主动地给建议、做决定。腹区性格的人在这一点上一般是不和孩子计较，反而让孩子逃避了责任，认真对待反而能帮助孩子，会让孩子对你更服气。

【案例2】

她知道我周末上班，我们说好了周五陪她一起写作业。结果回到家就不情愿写了，一直陪弟弟玩，后来就没问她作业了，周五晚上吃过饭我们一家人去了公园玩，她陪爸爸一起跑步，带弟弟一起玩了一会儿，八点多回到家自己主动写了两项作业，然后看电视到11点睡

191

觉的。周六一天我上班不在家，晚上回来也没有问作业。周日上午我上班的时候她打电话给我说：作业太多写不了，下午不想去上英语课了。我说："周末作业不是有两天时间可以安排吗？也不可能就在乎这一小时的英语课吧。"所以没有答应他。【解读：基本上脑区孩子你若抓不住她的心思，她会一直牵着你的鼻子走】后来回到家看到她在做作业就赶紧问了作业情况，正说着，弟弟看到我回来就钻了过来要抱抱，我抱着弟弟问弟弟说："你今天有没有黏着姐姐呀？"弟弟说有！我说："姐姐写作业的时候你不能过来打扰她的，知道吗？"弟弟说好。我说："那你现在让奶奶陪你，妈妈等一下再陪你好吗？"（亲了亲弟弟送他去奶奶那儿）我开始对姐姐嘘寒问暖，肯定了她认真写作业的事实。等一切都给她分析明确了（作业写不完的退路被我堵得死死的），人家来了一句：我就是不想上课了。说不去就不去，任凭我怎么哄怎么说她依旧写她的作业就是不答应去上课。我说不想学我们是不是也要把剩下的课时上完呀，我们僵持了大概十分钟。最后没办法我就不理她，哄弟弟睡午觉去了。过了一会儿，她看我不理她也不催她去上课了，就跑到我床上躺了一会儿，估计是想讨好我，但是看我很平静，又走开了。【解读：腹区妈妈这里已经看出脑区孩子的目的了，只是没有找到方法】大概半小时后，爸爸回来让我陪他一起去订家具，我起来后看到她在看电视。我也很平静地跟她说："我跟爸爸出去有事，弟弟睡觉你代看一下。"晚上回来看到她在客厅写作业（虽然边写边玩，但一直在写，我也没有提作业的事），我带了好吃的给她。我说："你写作业我就做饭了，有事喊我。"她过了一会儿跑过来跟我说："妈妈，我写累了，能不能先弹会儿琴再写呀。"我说："当然可以啦，你弹吧，我边做饭边帮你听着。"

吃过饭主动去写作业。写完让我签字的时候，我找她算了算今天下午的账。我说："宝贝，我们把今天下午因为你没有上英语课而给我带来的损失算一算吧？"她先是愣了一下，然后说："哦！怎么算呀？"我说："一个小时的课时费，还有我的精神损失费都要赔，为了回来送你上课我午饭都没吃，结果回来了你又不愿意去。"她开始有点晕乎，后来说好并问我要赔什么呢？我说："你现在没有经济来源，赔钱是不现实的，但你可以付出劳动来还。1. 一周之内每天必须在9:30之前完成所有作业包括弹琴；2. 每天多练20分钟琴，连续一周。"她想了一下选择了1。我又说："如果9:30之前完不成作业，还要在完成作业之后再加拖地一次（家里所有的地板）。"她想了想答应了，怕她反悔不认账，我们一起立字据为证。【解读：算账的方式针对脑区性格的孩子做管理与教育是比较有效的，脑区人比较珍惜、重视自己的时间】

【解读】把事情有理有据、清晰地摆到台面上，对于脑区孩子的教育是必不可少的一环，这样反而能促进感情的连接，让孩子更佩服你。这也是腹区性格的妈妈提升做事情的方法后，才有的结果。

【案例3】

今天感觉孩子有点累了，有点烦躁。放学接她的时候她在跟同学一起发牢骚："哎！今天作业好多，还要做手抄报。"另一位同学说："要是光上课不写作业该多好。"丫头说："那不用上学不是更好嘛！"我说："是不是太累了？我们吃饱喝好休息一下再写呗。"【解读：妈妈的这个共情很到位】回来就直接去写作业了，一切完成得都挺好，【解读：脑区孩子的主动性一般是不错的】就是写语文报的时候有几题确实挺难的，我们一起讨论了一下，给出了我的想法，她不认同，我说那你就按你的意思写，不对了再改呗。【解读：对于脑区孩子此时需要的是这种支持，愿意面对风险】她说好，但在写的时候就开始有点急躁了，老是出错，最后用修正带补了上去。写完了说太难看，我说还行啊！然后她就是各种纠结，一会儿说要是能擦掉就好了，一会儿要我帮她复印了重写。（"强迫症"也是我家娃的一大特点，有的时候真的是太追求完美了，搞得我都感觉累，她的东西别人是不能随便碰的，写作业之前要花至少五分钟时间准备：文具盒放在哪里，要几支笔等，书包里的每一样东西都要有它固定的摆放位置）【解读：脑区性格的人按照一定的标准和流程做事，确保不受到干扰。腹区性格的人比较大条，对这些细节无所谓】我说："报纸只有一份，现在买也来不及呀！你要是实在不想写就早点休息吧！说不定明天早上心情好了什么都有答案了。妈妈实在是帮不了你了，我要去睡觉了。"后来自己纠结了一会儿收拾书包，洗漱睡觉去了。

【解读】当脑区孩子开始有情绪时，多数源于自己被干扰了，或者承担了不属于自己的责任。没有其他的附加条件，腹区性格的人简单直接的方式，更容易给予孩子具体的支持。

腹区妈妈与腹区孩子案例示范

家庭背景：父母自主创业，孩子就读四年级，困扰的是对孩子的情绪管理。

案例分析

【案例1】

昨晚吃过晚饭，和孩子静静地说了说中午的事情。

我：妈妈今天没有送你上学，让你很无助，是不是？

孩子：我就是怕迟到。【解读：腹区性格孩子比较直接，当父母直接说出了孩子的心声时，会大方地承认】

我：我们买了闹钟得让它干活啊，不能老让它闲着啊。

孩子不说话，我估计是没说到他心坎里。我顿了顿，说："妈妈很累你知道吗？从早晨六点半起床做早饭，叫你起床，爸爸送你上学，我在家打扫完卫生，去上班，上了班也没闲着，拖着疲惫的身体回家本想睡一会儿，刚迷糊着还被你弄得差点迟到，你说我累不累？妈妈觉得你也不容易，上一上午课烧脑啊，中午也想休息，那咱自己管好自己，不让彼此分心好不好？"孩子说好！估计是共情的不好，她觉得我不关心她了，但是我心里觉得，她自己的事应该自己做，可是又不能直接说，得绕弯子说，怕伤害人家的小心灵啊。【解读：对孩子

195

的共情不够，孩子觉得不被理解】

早晨，因为爸爸动了她的梳子她又发脾气了。我们家梳子都是分开用的，因为爸爸老不洗头，用过的梳子有点儿脏，所以我们就分开用了。爸爸先进卫生间洗脸，孩子后来进去看到自己的梳子脏了就问爸爸："你又用我的梳子了？"爸爸说："没有啊，你的是白色的，我的是黄色的，很清楚啊！"娃说："可是我昨晚明明把我的梳子放在这里了。"爸爸说他刚才只是给它挪了个地方。孩子说："那它怎么这么脏？我一天的好心情全被你破坏了！"爸爸生气了："是不是我平时不发火你就觉得我好欺负，想怎么说我就怎么说我？"我在厨房听到了，暂时不管。两人一直理论着，我端出来早饭，看了看他俩，就说孩子："李秋彤，今天是你不对，梳子脏了洗洗就没事了，可是你对爸爸不尊重从而产生的心理危害却洗不掉，在外面要尊重别人，回家了更要尊重父母、爷爷奶奶。我平时说你爸爸不讲卫生可以，但是你不可以。妈妈以前脾气不好说话不讲究方法，现在我在改变，你也要改变，包括爸爸，你也要改掉不讲卫生的毛病，我们都要改变，不要因为一件小事就大喊大叫影响家里的气氛。"说完孩子不说话了，我说吃早饭吧，她坐下来吃面包片的时候把牛奶洒身上了，估计还是不服气，今天的劝说不成功。唉！【解读：腹区妈妈的教育方式比较生硬，没有细节，腹区孩子也接收不到】

【解读】腹区父母与腹区孩子，即便是看到了需要和孩子有更多的情感连接，但传授给孩子具体的道理时，在操作上依然是把握不准孩子的想法，导致适得其反，并没有疏导开孩子的情绪。

【案例 2】

　　一直以来都觉得学习就应该是认真的、一板一眼的、严肃的，结果就导致孩子觉得学习是枯燥的。昨天辅导作业，我试了一回"不认真"！昨晚我听课，娃学习，一会儿娃头就低下来了，都快到桌子上了，平时我就会说："抬起头来。"但不管用啊。昨晚我试着改变策略，于是，我和她说："你怎么和桌子那么亲密，老想亲它呢？我都吃醋啦，老母亲的心酸酸的，怎么办？"娃笑着说："你今天怎么了，不对劲啊？"我说被你刺激了！孩子说，好吧！然后过了一会儿，我就说，好酸啊！她就笑笑，每次抬起来我就说比上次高了那么一点点！她就很端正地坐好，再过一会儿，又反复！今天妈咪心情好，逗孩子玩儿呗！反正今天是周六，就算写不完还有明天一天呢，不急！一会儿孩子说累了，我说歇会儿吧，太辛苦了！我小碎步跑起来给娃捏背、揉手，按摩服务可到位啦！虽然写数学时还是很抵触，但我也知道题不难，可人家就不爱写，又不能逼，就只能哄着她高兴吧！心里想：就别要求效率高了，让她先把自信和兴趣找回来再说！于是就边玩边学，结果一套卷子正反面写完一共用了 40 分钟。我对孩子说："很不错，你觉得用了多长时间？"她说得两小时吧！我说这么开心的晚上你觉得漫长么？她笑着说开心，但觉得光玩浪费时间了，我说其实才用了 40 分钟！她兴奋地说不可能！通过这件事我觉得高效率的学习不是严肃的、认真的、紧绷神经的，而是愉快的、开心的，毕竟学习是个长久战，不是今天完事明天就不干了，所以要开心、长久地学习！今晚批阅卷子时还发现准确率特别高，全对！只有一个漏写单位的！

【解读：腹区性格的人是比较容易放松的，妈妈改变了自己的互动方法，孩子容易放松下来，效率反而提高了很多】

197

【解读】身体上的放松对于腹区人更容易释放积压的情绪，而腹区人容易把情绪积累在身体里，从而影响了思维与反应的灵活度，身体的放松对于腹区人是非常有效的方式。

【案例3】

　　昨晚课外辅导班结束回家已经七点半了，我进门孩子从奶奶家书房出来，我说今天很累吧，娃说还行，看了会儿抖音，算休息了。我说那先吃饭吧，吃饭时奶奶开始指责孩子没有一进门就学习，而是抱着手机玩。我说："没事的，妈妈，她累了可以让她休息一会儿，只要约定好时间，孩子会自己放下手机开始学习的。"奶奶说："孩子是你们的，我们管不了！"我说："没事，妈妈，你负责喂肚子，我负责喂脑子，这孩子会越来越好的。"奶奶笑了，孩子用偷笑的表情给了我一个眼神！回到家，孩子说谢谢妈妈。我说："谢啥？"她说："刚才在奶奶家的事。"我说："我就是这么想的，奶奶年龄大了能管我们吃喝就不错了，还能要求奶奶也上妈妈课？那就是奶奶课啦！"【解读：妈妈既照顾了孩子的心理，和孩子站成一队，也用开玩笑的方式安慰了奶奶，腹区妈妈大气爽朗的一面显得很有智慧】孩子笑了笑去学习了，今天作业超级多，孩子开始及时，完成一项给我递过来我批阅一项，中间我还得翻课本找答案，孩子说帮我找，我说还是我自己来吧，等于我也学了一遍。一直到十点做完全部作业，包括课外辅导班的作业，其间有两道奥数题不会，我说问孙老师吧，妈妈实在不会呀。孩子愉快地和老师沟通了，并且就自己思考后不会的地方问了老师，老师夸奖她认真思考了，有自己的想法是好事，孩子看看我，我点点头。

【解读：腹区孩子相对而言，不擅长表达自己的想法，有自己的思考，这是很重要的进步】晚上躺床上，我问她："奥数老师说开始报暑秋班了，咱报不报？"孩子说："报啊，为啥不报！孙老师那么喜欢我，而且我现在也找到一点学习奥数的方法了，换个地方又得适应老师，还得重新找方法，还不如在这继续学呢！"我心里乐开花啦，你们不知道我都想坐起来大笑，哈哈哈，孩子终于开始不抵触奥数了！我说："那咱就好好学，学得慢不怕，只要跟上大部队不掉队就成，行吗？"孩子答应了！

【解读】有方法、有信心，这对于腹区性格的人而言是非常重要的，无论是腹区性格的父母还是孩子，多数情况下因为事情没有进展，缺乏有效的方法与工具，但是又不愿意轻易放弃，所以会有点让人无奈，努力了却没有结果。

果果　7岁

文馨　13岁

第十章
独立与温暖是教育的目标

爱是成长的源头，
责任是长大的方向，
我们因为爱而长大，
因为责任而给予他人爱与支持。

终其一生，我们都渴望成为一个独立而温暖的人。独立意味着自己可以为自己负责，而温暖可以照亮生活。在通往独立的道路上，最大的挑战就是学习，影响亲子关系最大的因素也是学习。下面，我们结合心、脑、腹三区性格孩子的特点来重点说说怎样促进这三类孩子学习。

心区孩子的学习特点

案例分析

【案例】

我儿子今年9岁，刚上三年级。以前都没觉得什么，就这次对我打击挺大的。（孩子今天模拟考试没有考好，平时放学回家吃过饭就开始写作业然后复习，每天都要到9点以后甚至10点才睡觉）他注意力不集中，写字写得很慢，如果不看着他写，基本上就不写或者这里摸摸那里摸摸，反正你不看我，我就不写，要么干脆就是不会。依赖性太强，老师也反映在学校听课不认真、爱做小动作。孩子今天模拟考之后，老师把成绩、名次往家长群里一放，说实话，我当场就哭了，感觉特别委屈。他放学一到家，我就开始质问他今天怎么考成这样？平时的努力全都白费了，忍不住越说越多，还是那些在他听来早就厌烦的话。我现在感觉特别无助，真心期望万老师可以帮帮我。

相信这个妈妈的困惑大家多多少少都听到过，也见到过自己身边的人不停地上演着，甚至有些父母经历过或者正在经历。那么问题来了，如果换作是你，你会选择怎样的方式来解决呢？

1. 全程继续盯紧他、催促他写作业和复习，甚至找你觉得好的家教给孩子补课。

2. 麻烦老师管教孩子更严厉些，该说说，该骂骂，我都没意见。

3. 其他方式。

每一次的亲子陪伴与沟通互动的结果无非是这两种：要么大大增进了亲子关系的连接，要么再次加深了亲子关系的隔阂。

我们来观察一下以上的案例：这个妈妈在陪伴孩子写作业、复习的整个过程中，她给予的陪伴和她认为的互动，究竟是增进了亲子之间的连接？还是反而加深了亲子之间的隔阂？

现在也请大家认真回忆一下，每当自己陪伴孩子，和孩子沟通互动、游戏、作业等过程中，自己的切身体会和感触都有哪些？

想一想曾经，自己是在哪一段亲子关系互动过程中，陪伴开始升温，想与孩子调频一致，希望和孩子有更深更优质的连接，有更多的沟通互动？也是在这样一个良性互动的相处过程中，你们有没有感觉到逐渐深入的连接感？气氛越来越融洽，你和孩子都很放松很开心？这时候，无论亲子之间说什么做什么都觉得得心应手，父母说的孩子都能欣然接受而且还都做到了？

可又是从哪一段亲子互动的关系里，在你其实也不想要却又没控制好的"强势来袭"、家长作风和喋喋不休的唠叨声中，孩子原本可爱、清澈灵动的双眸开始变得暗淡无光？从对你叽叽喳喳无话不说再到失去了表达的欲望？甚至不愿听到你说话，你一开口孩子心里就烦，即便听了也是一副心

不在焉的模样？甚至有那么一瞬间，孩子也会突然想要逃开你、远离你……亲子之间就像无线网，无线路由器突然坏了，家庭网络中断了连接……

更可怕的却是，父母继续漠视孩子通过一系列反抗的行为表现传递出来的最真实的内心活动，仅仅局限并纠结于表象，试图做出一切父母们自以为可以变好的调整（沟通互动），随之而来的是短暂的好一点之后更劲爆的反弹。

我们再来体会一下，这个案例中孩子写作业时整个心态变化的过程。

我们换位思考一下，现在你就是这个孩子，你能不能接受在写作业和复习的过程中，一直伴随的是父母通过不停地打断、碎碎念、批评、催促等表现出的对你学习能力的不认可、不放心？与此同时，你敏感的心灵，瞬间捕捉到了来自父母的那些未曾表达的焦虑不安的情绪，一并被慢慢放大的还有你的压抑和抵触，这些干扰因素都和你写作业、复习交织在一起，请问，你还能坐得住、继续认真努力好好写作业和复习吗？

破坏亲子关系连接的几件事：

1. 不尊重孩子，更加谈不上允许孩子表达自己内心的想法。

2. 所有的要求汇聚成一个：孩子必须按照你们的想法来，只因你们是父母，你们是最爱孩子的，是为了孩子好。

3. 不问缘由，直接相信自己的武断，随意下结论，"你就是这样的……说了好多遍了……"诸如此类，带着固定思维模式的表达方式，无意中误解了、更伤害了孩子。

4. 亲子之间，一有问题，父母立马把一堆大道理直接倒给孩子，也不管孩子愿不愿意听、能不能接受。

5. 让孩子为父母没有控制好的情绪买单（往往大多数人都会把情绪发泄给别人，冷言冷语，造成不必要的伤害与隔阂，请好好说话吧，语言的杀伤力远远超过我们的想象，甚至会影响别人的一生），明明孩子犯的错只占 10%，却让孩子承担 30% 或以上的责任（孩子们好无辜……）。

而解决这个问题的"处方"就是重新用心了解孩子喜欢什么，爱做什么，更好也更有质量地陪伴孩子。

下面是一个心区父母与心区孩子的案例。

万老师，和你说个好消息啊，昨天晚上我陪孩子写完作业以后，陪着他一起睡，我们聊了好多，后来他悄悄和我说他也想和我讲学校的事情，也想讲作业写不好该怎么办，但不敢开口，就是怕讲错，怕被父母批评。等孩子睡着了我特别内疚，一直都在反思，睡不着。

所谓解铃还须系铃人，这个转变看似瞬间发生，其实是找到了沟通互动的密码，孩子重新信任父母，愿意对父母敞开心扉。这个孩子心理的需求只是想要父母多陪陪他，给他信心和力量，但矛盾的是心区人弯弯绕的性格又造成了孩子不太愿意直接去表达，何况还是个未长大的孩子，想来想去只能通过拖延写作业的方式来寻求父母的关注。重点仍然是为了求连接，想知道父母有没有看到他，有没有给他想要的回应，如果没有，他才不要听父母口中的一个又一个对他的要求呢。

虽然父母也是心区人，理论上应该能够敏锐地捕捉到孩子的心理需求，但因为孩子写作业拖延、成绩不太好，父母渐渐把重心全部转移到了孩子写作业拖延这个点上，并且无限放大，暂时蒙蔽了自己的心，什么都看不到、听不到，当然更感受不到，对于孩子内心的需求自然无法第一时间给出准确的回应。

后来这位家长调整了陪伴的状态，多了不少互动，一起游戏、聊天、散步之后，孩子慢慢地感受到了父母是真的爱他的，并不是只关注他的学习成绩，慢慢地又开始信任父母，开始敞开心扉，亲子关系随之也变得自然、流动、顺畅起来。（心区孩子特别敏感，即便你在语言上没有批评孩子，可是孩子会捕捉你的表情语气，判断你是不是真的介意他，批评他）

　　一段时间之后这位家长给我的回馈：对自己有了全新的认识。敢于面对自己的不足，之前总觉得把孩子带在身边，就是要给他自以为最好的爱，把自己力所能及的一切都给他，可还是和孩子相处不好，也不明白孩子到底在想什么，感觉自己辛辛苦苦的付出，总是得不到回应。时间久了自己心里也会不耐烦，会觉得这孩子是个包袱，对他再好也没用，孩子根本不领情，不吃这套。妈妈课对我和孩子来说是一个重要的转折点，虽然还没有完完全全运用到生活中，起码让我和孩子有了一个新的认知。原来爱和好的陪伴不光是嘴上说说的，你怎样对孩子，孩子是可以感受得到的。在孩子的世界里你是他的全部，你爱不爱他你说了不算。本来是奔着孩子学习问题来的，没想到牵扯了更多问题，孩子不是无缘无故不爱学习，自己只是一心追求结果，还有颗爱攀比的心，从来没有在意过过程，也没有真正地了解过孩子，只知道孩子成绩不好、上课不认真、作业写得马虎。没想过在自己身上找原因，反正就觉得这孩子不听话，自己说再多他都听不进去。通过万老师的指导我才知道，对孩子的爱不是天天带在身边那么简单，爱和陪伴是需要技巧的。不是因为你自以为是地把最好的给了孩子，孩子就一定要接受。孩子也是人，也有自己的想法。而我一直把自己的想法强加给他，没有真正地了解过孩子内心深处的需求。时间久了孩子就会以他的方式向父母要，所以一定要尊重孩子，多了解孩子，多听听孩子的心声，让孩子从内心里感受到父母的爱。

　　由此可见，亲子关系中，父母能先看见自己的问题所在，并开始改变自己是多么至关重要。

　　案例中的孩子是心区性格，连接恰恰也是心区的核心部分。心区孩子

207

相对来说不太能弄清楚自己该怎么做，更需要父母正确的引导。当父母能够与孩子连接上的时候，心区孩子的能量就被开启了。

本案例心区连接要点：1.适当陪孩子吐槽老师与学校，不讲大道理。2.孩子心情不好了，父母可以猜猜因为什么，如果没猜对，请孩子告诉父母。3.讲一个父母或者其他人类似的故事。心区人需要这些"小拐杖"帮忙过渡下。

夸奖心区孩子要点：同样的部分你今天比昨天有不小的进步，这次比起上次大有提高，爸妈相信你在××方面若能做到像这个一样一定会更好。批评要点：就是不要批评，只需要把夸奖的点做到位，心区人夸奖得越多反思得越多。

所谓的不批评心区孩子，孩子会不会经受不起挫折，这是大家焦虑的。因为心区人听到夸奖第一反应是：我有那么好吗？我还有什么地方可以改进得更好？万一下一次没做好多丢人。

心区人天生自信心不足，比较敏感，直接批评容易激发逆反心理，经常会越催越与你对着干，例如心区人只有80分的实力，你用100分的标准说还差多少，人家撂挑子不干了，反正怎么干都干不到100分，如果你说："你看你都80分了，距离100分也差不了多少，我相信你的实力。"这样委婉的方式孩子反而更容易接受。自信心不足，所以才会对批评和夸奖那么在意，如果父母家庭都给不了孩子认可，那么孩子就会放大这份认可，寻求他人的肯定，甚至用牺牲讨好的方式。

试想一下：不同的性格，对应着各自独有的沟通表达方式，如果没有充分被尊重和理解，话不投机，沟通不到一起，什么问题都会被无限放大。

同样的一句话，心、脑、腹三区人的表达完全不同。

就拿"晚安"来说吧，心、脑、腹区人的意思分别是：

心区人的需求与要求的区别"最风马牛不相及"：嘴上说的看起来与

心想的没太大关系，实际上千言万语都幻化成一个最核心的心理需求：走心地懂我、关注我，别试图敷衍我；晚安就是亲亲、搂搂抱抱、睡前故事、游戏等之后才睡觉。

脑区人的需求与要求的区别是：嘴上说的要求是什么就会具体要求你做什么，对应的心理需求是一定要按照他的目录来；晚安就是所有流程按照顺序走完了，"电脑"要关机休息了，睡觉。

腹区人的需求与要求最为一致：说什么就是什么，简单直接，要求也就是需求，就是解决问题做事情就行。晚安就是晚安。

脑区孩子的学习特点

案例分析

【案例】

万老师，我家孩子特别好动，自控能力很差，今天到医院检查确诊为多动症，我心情非常糟糕。我家孩子特别抗拒写作业，每次都是我强硬地让他写，每次让他写作业，我俩就等于一场战争开始了，在我的强大的攻势下，最后他哭着勉强写了，好话也说了，调动的方式也试过，刚一开始有效，几次过后就又是老样子了，他总是和我吵，我该用什么方法让他主动写作业或情愿点啊？幼儿园的老师也说他行为有点怪异，咬袜子，有一次啃鞋子，还会下座位躺在地上打滚，不让其他小朋友听课，开学要上一年级了，这以后上学可怎么办呢？焦虑。

如果是你，你会选择怎么处理呢？

1. 继续想方设法解决他写作业的问题。

2. 其他的方式。

这里强调一下，孩子所有的行为表现都不是无缘无故的，即便是看起来的捣乱，多数情况下并不是我们以为的那样，所以我们先不要把孩子放进固定思维模式中去判断，那样会误判，会伤害孩子，一定要先了解清楚情况再说。

再深入说一下这个概念，亲子关系沟通互动中，不能匹配内心真实需求的时候，也就是我们常说的调频不一致，这时一定会产生连接中的另一个问题：情绪。

在沟通互动中的重点是情绪的表达与处理，情绪没有得到该有的回应，没有处理好，会产生各种障碍，而情绪的本质是内心的需求没有得到满足。

对比一下心、脑、腹三区人完全不一致的情绪表达会更清晰：

心区人的情绪是认可的需求没有被点对点地照顾到，没有关注我，我被忽视了。

脑区人的情绪是计划与规则的秩序感没有被建立起来，计划实施的顺序被打乱了。

腹区人的情绪是发力不透彻、不通畅，没有直接的解决方案，有力使不出，特别难受。

继续说案例。这个家长和孩子谈过，也问出了真实的原因。当孩子对父母说他想要约束他自己时，父母问他能做到吗？孩子很真诚地哭着对父母说，他真的做不到。

这是一个脑区孩子，大家都知道，脑区孩子天生学习能力强，不用教也会，他不想写作业的原因是他已经会了，再写作业有什么意义呢？同理，在幼儿园打滚也是因为学会了，听懂了，不需要再听了，无聊了，开始创建自己新的目录，反正闲着也挺无聊的，打滚、撩其他同学是在做创建自己目录的尝试，在体验过程中，并没有太多求关注的成分。

大家根据我的分析，找到了原因，那么怎么帮助孩子呢？给出什么建议呢？

我给出的建议是父母和孩子一起商议，无聊了、学会了之后找个什么事情做做，但不影响老师和其他小朋友，脑区孩子的精力要给调动起来消耗利用的，后来父母和孩子一起商议玩手指游戏，为了这个事情母子二人商议了好几次，最终实验几次确定了这个方案，也是我经常和大家强调的，看起来很简单的一个事情，对孩子而言却是天大的难题，如同蚂蚁看到人类的脚一样。

大家感受下这个过程，孩子没有感受到父母批评、指责他，而是父母是站在他的角度爱他、关心他，帮他一起想办法，这时孩子的心和父母是连接了还是远了呢？

脑区孩子对责任归属特别敏感，一旦出了问题首先找外部原因，总有一种我有理、我没错的感觉。实际上责任归属是与计划和目录有关的，脑区孩子习惯性地逃避责任也是在维护自己目录的确定性，不能随便把责任收到他的目录里，先用排除法把外部责任、干扰因素都排除了他才会收入他的目录，承认他的错误。案例里父母没有批评孩子，没有把不认真的责任算到孩子头上，一起帮孩子想办法，排除了责任，解决了问题。

对脑区孩子而言，当父母能帮他把无关的责任排除掉，他也愿意承担自己的责任，面对自己的情绪，接受情感连接，解决问题，开启下一步，逃来逃去的解决不了问题会让脑区人很烦躁。

案例中的母子组合是腹脑组合：孩子是脑区人，父母是腹区人，父母在学习之前也同样抓狂、搞不懂。

脑区孩子当然接受不了被批评教育，脑区人的世界是我的目录我做主，你说的有建设性的意见我会听，没有建设性的意见不仅不听一定还会当即反驳父母，特别是当父母说孩子没有做到位的地方时，比如说孩子作业没有做好，孩子会直接反驳你，你的工作也没做好，借此逃避自己的责任。案例中的父母是站在孩子的立场支持他，帮助他正确面对他的责任，一起想办法帮助他克服困难。如今孩子已经读小学了，也是因为这个性格导致老师和同学对他没有好感，父母又求助我，最后我给的解决方案是需要和老师深入沟通一次，充分呈现孩子本来的性格状态，哪些行为是无意的，哪些行为是故意的。也在家长会上对其他家长做一定程度的说明，同时给孩子提供一个外界环境上的支持。这个部分就是和脑区孩子建立良好连接。

脑区人连接的要点是：1. 出现问题，首先不把责任归到孩子身上。2. 从孩子的角度考虑是不是没有新鲜感了。3. 父母成为孩子的参谋或者助手，帮孩子分析问题、解决问题，既能解决孩子的新鲜感，又不打扰他人，同时给孩子布置学习之外的任务，让孩子知道自己除了听课还有哪些事情要做；否则脑区孩子经常会出现我行我素、目中无人的情况，从而招致非议。

人与人之间的相处，大方向是心与心的连接，具体而言是在彼此之间建立起信任、尊重的前提下，进入一种良性且愉快的沟通互动的过程。

毕竟我们能主导的领域是有限的，然而生活也不是我们一个人说了算，我们总会遇到和自己性格不一样的人，不知不觉中又会希望别人按照自己的意愿去生活。

腹区孩子在学习方面的蜕变

案例分析

【案例】

应该是写作业拖拉磨蹭，死磨死磨的那种，必须一直说他"写啊"，但他就是无所谓。学校的老师、辅导写作业的老师、家长，都受不了他这样的磨。今天让他写一张数学试卷，我跟他讲我在下面等他一个小时，一个小时后我们一起回家吃饭，饭后再一起去同学家里玩。

结果一个小时后我上来，他才写了两小题，那两小题都是计算题，我就来气了，我说你喜欢磨，你就在这里磨吧，我回去做我自己的事了，等你写完了你再回去，他当时就说不要，我就关上门走了。临下去的时候我跟他说："你好好写哈，我今天可是有点生气啊！你知道我为什么生气的，我一个小时后上来接你。"当时他表示知道我为什么生气。（因为下午老师发了一段他上课不认真考试的视频，我挺生气的，但也很无奈）直到八点才去接他，也才写了一半，当时已经换了另一个老师在一题一题盯着他做，他就像个没气的皮球，踢一脚走一下的那种。我本以为他会有忏悔之心，从而可以更认真地写。但到底还是没写完带他回家了。一路上我就跟他说："你今天的作业在这里磨，你失去了什么知道吗？我买了鸡排在下面等你一小时，你没写完，鸡排没了，后来我吃过饭我就去了你同学家里玩了一个小时，我们吃东西、看电视、聊天，你不好好安排自己的事情，不抓紧时间去做好手上的事，你总会失去其他的东西。"回家以后我说你要吃什么你自己去弄。然后他就哭，他爸爸给他弄的饭，其间我还跟他说："你这样磨，你对不起老师，对不起我，大家在你身上已经投入很多的耐心了，别的同学早就回去了，老师因为你加班到九点，我因为你耽误多少时间？"说的他也掉眼泪了。然后就去吃饭，吃完饭去洗澡，洗澡的时候我就听见他在里面边哼着歌边洗澡。真的是你气死他都不知道你是怎么死的。

本来今天周五也可以放学让他玩的，但是即便你让他玩了，明天后天写作业没人看着他照样是东搞西搞，一天也写不了多少，每次跟他交谈得好好的，但最终还是照样让你失望，几乎不要指望他能在没人看着的情况下认真完成一次作业。

在课程辅导的过程中，我经常接到这个家长的求助，发的短信大部分是这样的：

万老师，今天孩子带来一张卷子，只写了名字，0分，我忍不住又发威了。

万老师，这次月考数学考13分，还是不写考试卷，这是我检查他订正试卷的一题。

这是个腹区孩子心区父母组合，同时这位家长非常细心，认真地记录了她与孩子之间互动的情况。

从上妈妈课开始我就不把他的作业盯得那么紧了，试着跟他多交流多互动，从其他方面鼓励他，做简单的饭菜，做家务，然后表扬他，让他获得多一点的自信。

孩子的表现：当他觉得作业不被盯得那么紧的时候，在做事方面表现得比较勤快，对人也表现得更体贴一点，这个时候孩子也像是在试探着放松自己，感觉他有点讨好我，关心、体贴，虽然有点笨拙。生活中表现得积极，像是怕我又盯紧他作业一样，把我的注意力往生活方面引，也许这些都只是单纯地表现对父母的爱，是我想多了。

【解读】孩子有个对父母的信任修复、考察的过程，父母是真变了还是假变了？不会有啥目的吧。

从一幅画中万老师指出了我的一些潜在问题，沟通以后，我认识到了自己迷失的那部分，然后我就在孩子面前开始慢慢地放松自己，不再以别人嘴里的好父母来要求自己。

孩子知道父母也要上课，还要写作业，还知道父母有个好厉害的老师，像是在观察着我，觉得父母都在努力学习，自己也安分了一点。

【解读】父母的改变带动孩子的改变，父母的安心是给孩子心安的最大支持。

我发现我并不能跟孩子好好地聊天、谈心，谈心的过程带有父母的强势感，孩子在我面前也不能好好地表达自己，我开始注意自己说话的方式，让自己变得温和一点。

孩子感觉到我有变化，跟我聊天更多了，回家以后会跟我说学校的事情、游戏的东西、好玩的事，反正话就多了。

【解读】陪伴质量的提升，逐步打开孩子紧缩的心门。

我这个时候已经大致知道心区、脑区、腹区的性格特征，就对自己和孩子有了更多的认知和理解，已经控制自己不要发脾气，每发生一件事都在跟心区、脑区、腹区的特征对号入座，身边的人也说我有变化，说我心态很好。

孩子处于一种轻松自由的状态，吃饭比以前快了，会更坚持自己的意见了。（比如吃饭，以前他自己装饭，长辈看到了就会说"装那么少，怎么吃得饱""装那么多吃不完"之类的话，他就会按照他们的意见再添点儿或是少装点儿，现在大部分都能按自己的意见，一说他，他就直接说够的，可以的，不那么犹豫不定了，我觉得这是父母给的力量，后来爷爷奶奶就不怎么说了）中午吃完饭就去跟同学玩一会儿。学习方面表现得更有耐心了，一般情况下能八点之前完成，除非哪天作业多一点，就会不想写，磨蹭。

【解读】学习了解性格，带领我们认识人与人之间的不同，放下父母的要求，允许孩子做自己。

对孩子自己该做的一些事情我学着放手让他自己完成，即使完不成让他主动来问，但是我心急，有时候还是忍不住想先下手，不过我还是尽量忍住，我看到他写作业停下来我就问他是不是遇到难题了，问他是不会做吗？然后给他讲解，让他觉得这都不是什么大事，他不会我教他，不骂他，即使是他会的题，只是因为不想做我也认真给他讲，甚至告诉他答案，就算是很不想写，他也会写完，我更有耐心了。

孩子看到我更有耐心他就更有耐心，问问题不那么支支吾吾的，不会就直接来问，完成作业的情况稳定了不少，虽然还是会磨蹭，但好了不少。

【解读】把人生的主导权还给孩子，父母做好孩子的参谋、助手。

这些才是铺垫和打基础，真正的转变需要一个契机。

有一次，写完试卷之后，我就说，先吃饭吧，吃完饭我们再拿出一个小时认真做，不需要全对，不需要全写完，但一定要认真，一个小时以后，还是只写了两三小题的填空题。

我跟他说了，不会没关系，直接坦诚地告诉我，我给你分析，后来说不会，我就分析引导他，让他自己说出答案。

当时我想明白了，不和孩子较劲了，原先我是担心直接给他提示，他会形成依赖心理。现在我觉得事情反过来做一下，让他轻松一点，说不定能更快进入状态。

【解读】这是父母与孩子连接上的核心点，首先是看到自己的心理需求，紧张与害怕的是什么。

后来这位家长也体会到了孩子面对作业时的恐惧，一直被批评不被允许，所以写作业时心态上压力重重，再加上有个大家庭，长辈们在意、关心成绩，导致孩子没了自信心，产生逃避心理。父母一直没有给予孩子心理支持，给的反而是心理压力，孩子面对父母也会躲避。

所谓连接上，是看到自己的心思、自己的受伤与焦虑，看到孩子对应的心思，人与人之间的连接是通过心来连接，这份看见就是连接上。孩子感觉到被看见了，会有一种父母和我在一起的感觉，知道我的开心与难过，尊重、考虑我的感受，父母的建议是为我好，我感受到这份出发点，我愿意接受。不仅仅是孩子，所有的关系，都是如此，人的内心世界是共通的。

腹区孩子相对于心区和脑区的孩子更不清楚该做什么，对方法上的指导要求更高，心思没有心区那么细腻，同时又会压着自己的情绪，在被要求的情况下，腹区孩子不会像心区那样怄气，也不会像脑区那样反驳你，最多就是拖延与磨蹭。建立良好的连接是为了让腹区感觉到被尊重，愿意接受父母的建议，来调整好自己。

腹区人连接要点：1. 帮助孩子发现问题在哪里，腹区这点是不清晰的；2. 给空间，引导孩子自己表达心中的恐惧，腹区孩子同样不能催，催会熄火的，和孩子商议一个"角色"，父母有话想对孩子说，就先让孩子扮演这个角色，然后由孩子说出自己的心声给这个"角色"；3. 找到巧妙的方法，带领孩子具体操作，一点点练起来，帮助孩子克服起步不足的困难。

爸爸参与家庭教育很关键

在我所接触的咨询中，基本上都是妈妈操心着孩子的问题，很少有爸爸的出现。这更多地反映了家庭教育中父亲的缺失。而养育一个独立而又温暖的孩子，不仅仅是要解决孩子的独立问题，更重要的是培养孩子温暖的品格。这不仅仅要靠妈妈自己的努力，更需要爸爸参与孩子的成长过程，一家人劲往一处使，最终组成一个团结友爱的家庭。

哪怕爸爸是一个不苟言笑、不擅表达的人，用自己的力量呵护家庭的温柔也会打动孩子，并对孩子的一生产生影响。那么如何让爸爸参与孩子成长？这是很多妈妈关心的问题，也是不少妈妈的困扰。

不少爸爸确实缺席了孩子的成长，工作忙的爸爸，回家时孩子已经睡了，离开家的时候孩子还没起，周末各种应酬，陪孩子的时间更无从谈起，即便有陪伴的机会，孩子由于和爸爸接触的机会比较少，心里害怕爸爸，见到爸爸有点躲避。而被孩子冷漠对待的爸爸往往也不知道如何是好，从而保持了沉默。

有些爸爸工作倒是不忙，也不用出差，下班回家就窝在沙发里不是看电视，就是玩手机、打游戏，一身劲，孩子有点什么情况，眼皮都不抬一下，对在厨房里做饭的妈妈喊一句："孩子怎么了，你快过来。"

有些爸爸也参与娃的陪伴，力所能及地完成分配给他的"任务"，像是上班打卡，一点也不用心，结束之后巴不得立即让妈妈接手，如释重负，就差要妈妈给个绩效评估，打个高分，再减少一些工作量。

面对这样的爸爸，很多妈妈在看到自己家孩子个性不够阳刚、不够阳光，或者女孩子不知道如何与男孩子互动的时候，心情就不好了，如果再看到专家讲座与亲子文章中谈到爸爸参与孩子成长的重要性，对孩子个性塑造、抗挫折、责任心培养的诸多好处，就更加郁闷了。

找到机会和爸爸沟通孩子教育问题的时候，想让爸爸更多地参与孩子的教育，得到的回复多是：我工作忙不开，或者是你已经做得很好了。总之没有太多的意愿参与。

妈妈一气之下更不想让爸爸插手了，自己努力把孩子带好，各方面都给孩子最好的，给孩子更多的爱，避免错失了孩子的成长或在孩子成长中留有遗憾。

爸爸当然不能缺席孩子的成长，而且要更多地参与孩子的成长，而这

关键一环就要靠妈妈有效地调动。

有的爸爸即便工作很忙，经常出差，半夜两点到家，第二天依然坚持早起陪孩子跑步，或者给孩子做早餐，或者亲自送孩子去学校，陪孩子聊天，不见有任何疲惫之意。

有的爸爸下班回家之后，不看电视，不玩手机，陪孩子玩游戏，打打闹闹，欢声笑语充满了小家庭，陪伴孩子写作业，循循善诱启迪孩子思考。

有的爸爸积极阅读各种育儿书籍，看教育论坛，抽出时间听专家讲座，和一群妈妈在一起学习，认真做笔记，向老师请教各种育儿经，并和妈妈探讨教育孩子的各种情况。

据我了解，这些爸爸背后的妈妈具有的共同特点：会用自己的智慧与温柔调动爸爸参与，经营夫妻关系亦有心得。

在爸爸参与教育过程中，尽量避免夫妻之间的矛盾延续到亲子教育中，事情一码归一码，尽量不要搅和，不然会让事情变得复杂而变味。也有不少父亲避免参与亲子教育，就是因为知道夫妻关系没有理清楚，参与孩子教育只会进一步影响夫妻关系，对于男人而言，普遍心理就变成了多一事不如少一事。

用巧计推动爸爸育儿

爸爸比起妈妈来，没有经历过生产孩子的过程，缺少妈妈与孩子的天然连接感，毫不夸张地说爸爸是因为在家里经常出现，孩子才认识、有情

感连接，从这个角度来说，爸爸甚至跟爷爷奶奶、外公外婆等一起生活的家庭成员并无多大的区别，而妈妈对于孩子而言不存在这个困扰，要让爸爸参与孩子成长的第一步，则是妈妈需要巧妙地让爸爸先参与进来。

孩子刚出生，妈妈多创造机会让爸爸抱抱孩子，感受孩子在怀里哭泣蠕动，让爸爸多参与擦洗孩子的身体，感受小宝宝的身体柔软，让爸爸学习换洗尿布、冲牛奶等，亲身感受孩子成长过程中的第一次翻跟头、第一次爬行、第一次呼喊，体会到一个生命从小到大，一步步变化的微妙过程，妈妈也及时与爸爸分享孩子每天的新奇变化，帮助孩子与爸爸把这种血缘里的亲密，变成实际情感的互动连接，建立父子、父女关系的情感纽带。

孩子大一些，则要巧妙创造各种亲子游戏的场景，让爸爸当大马背负着孩子、举高高飞来飞去，用爸爸强劲的体力，制造各种魔毯、秋千、大山等，让孩子探索爸爸身体带来的乐趣。即便爸爸在忙工作的时候，也可以带着孩子悄悄地到爸爸身后，让爸爸贡献自己的后背，让孩子拿着画笔在爸爸的背上任意地涂写。

很多爸爸也想参与孩子的成长，渴望融入孩子的生命进程中，但很茫然，不知道该如何参与，也因为不知道如何掌握尺度、怕做不好影响了孩子，爸爸也渴望得到妈妈具体的指导与陪伴，因为妈妈更了解孩子，更知道孩子需要的牛奶温度、抱的尺度等具体的感知细节。妈妈学着信任爸爸，给予更多的机会，不要害怕爸爸犯错，给自己添麻烦，你的不敢放手、不信任，无形中会进一步增加爸爸与孩子的距离，要知道这种距离是需要你的努力消除的。

因而，这些看起来不起眼的小事情，却可以增加爸爸与孩子情感连接的机会，特别是在生命最早期，爸爸与孩子身体接触是建立两个人内心连接的最好方式，当爸爸感受到这个小生命与自己的情感连接之后，心里完全地接受与喜爱上这个孩子，爸爸参与的第一步的基础就有了。

第二步才是爸爸有质量地参与孩子的成长，参与教育，我也访谈过不少爸爸，如果妈妈有了太高的期望值，爸爸在陪伴孩子的时候带着任务与目的，不自觉地会有压力，也影响了陪伴质量，加上男性本来脾气就不如女性温和，更容易发火，导致陪伴质量下降，反而适得其反，此时妈妈平和的心态对爸爸是良好的支持，期待的目光则会让爸爸更加后退。

在平和的心态下，随着孩子年龄的增加，一些智力开发类的游戏，包括棋牌游戏，由爸爸带领效果会更好，周末与节假日全家共同去公园，去旅游的过程中也是发挥爸爸男性力量的机会。同时当孩子遇到各种需要解决的问题时，妈妈更要学会装"笨"，引导孩子去找更为聪明、解决问题能力更强的爸爸，塑造爸爸是解决问题高手、英雄的形象，让孩子更多地对爸爸产生崇拜。

在调动爸爸参与孩子的教育中，妈妈更多的是要向后退一下，在你和孩子紧密的关系里给爸爸参与的空间，放平心态，不做要求与期待，再根据不同性格的爸爸进一步调动，我们先通过性格的学习了解不同性格爸爸教育孩子的特点。

同时妈妈也要注意，即使爸爸有机会参与教育，一方面男性的陪伴方式方法与女性是不同的，放下自己的标准，让爸爸与孩子在相处中用他们自己的方式磨合，妈妈放心地和朋友去逛街，相信爸爸的智慧和能力，以及对孩子的爱护，舍得孩子磕绊与受伤。另外，教育的专业性爸爸不了解，需要妈妈的引导和鼓励，谁也不是天然就会，就算是换尿布、陪写作业也都需要一个学习与实践的过程，给爸爸以及孩子时间，错过的时间补回来也需要一个过程。

三种不同性格爸爸的教育理念

案例分析

【案例1】

孩子在玩的过程中，经常会发小脾气，发脾气过程中会丢东西、会说要打人，他的口头禅：打你哦！脾气好犟，教育过程中会让人非常头疼！试过多种方法，一开始会与他理论，说出他的错误，无论说得多清楚、多明确，他就是不认错！我也试过强硬的教育方式（狠下心拿小竹棒揍他），完了之后，让孩子面对面理论，说清楚自己的坏习惯，说清楚自己犯了什么错误，之后才能走。

这是脑区性格爸爸教育孩子的案例。

在教育孩子具体的事情上脑区爸爸重视孩子对待事情是否清晰明白，不能糊涂，要知道自己的对错，这也是脑区性格建模的体现，凡事要清晰明白、有前因后果，讲道理更要讲原理。我们总会习惯性地用自己觉得好的方式爱孩子，这里我们能看出来脑区爸爸想让孩子明白做人要明事理，但容易产生的问题是男人本来就阳刚，脑区性格的人又更偏阳刚一些，所以看到孩子的问题会硬逼着孩子去理解明白，比如"我也试过强硬的教育方式（狠下心拿小竹棒揍他），完了之后，让孩子面对面理论"，这样的时机如果选择不合适，会导致孩子逆反，毕竟明白道理不是那么容易的，孩子因为缺乏足够的生活体验，我们想通过一件事让孩子明白是不太可能的。

对待陪伴，脑区爸爸比较排斥过多的身体接触，不仅仅是因为性别的原因，更有脑区性格的人对自己身体的保护与重视，这点脑区孩子与脑区妈妈也一样，相对而言对身体的接触需求不是太高。

在教育大方向上，脑区爸爸倾向于给孩子划定范围，哪些能做，哪些不能做，在一定范围内且保障安全的情况下孩子怎么折腾都不会在意，而超出范围的事情则严格保护，不让孩子参与、接触，会比较在意孩子是否在自己可掌控的范围内，这也是建模、做计划的性格体现，制定各种标准，如果孩子没有达到标准，就会比较焦虑，会想办法让孩子达到标准，寻求各种方法与资源支持。

对于男人在教育中承担的给孩子更多资源的父亲角色，脑区爸爸更重视外部环境，比如孩子的教育资源匹配，会在自己生活规划里长远考虑，孩子即便刚出生，幼儿园、学区等都已提前规划、考虑、做设计，然后结合自己的能力去努力实现，争取给孩子更好的未来。

【案例 2】

我儿子写拼音和汉字的时候，总是觉得写的不好就擦掉重来，一遍一遍地重复，按照老师的要求是以写拼音为主，不会写的汉字也用拼音代替，但是我儿子不行，非要自己写汉字，不会写就查字典，或问我。无论我们怎么劝都不行，其实对于这样的事我是不反对的，既然孩子愿意写那就让孩子写，我会告诉孩子汉字应该怎么写，孩子也很愉快地完成了。但是他妈妈就比较反对，因为他妈妈认为现在既然老师让写拼音，那么不会的汉字用拼音代替即可，如果孩子现在提前写汉字，容易造成笔画不对，今后老师教写汉字笔画的时候孩子如果习惯了就不容易更改。对于这样的事情我也觉得有一定道理，但我还是很迷茫，不知道应该怎么做。我想在类似的问题上听听老师的意见，以便学习和参考！

这是心区性格爸爸教育孩子的案例。

在教育孩子具体的事情上心区爸爸重视的是孩子的内心感受，无论对错先让孩子体验再说，尊重孩子的意愿，用的方式也是比较温和的，当然这个前提是爸爸没有受到自己的情绪干扰的情况下，愿意做个温和有耐心的爸爸。如果触动了自己的情绪，那么故意斗气、让孩子难堪等狂躁的一面就会立即呈现出来，谁也拦不住，有位宝妈描述自己的心区爸爸，看不惯她挑食不吃肥肉，故意弄一碗肥肉逼着她吃完，保护孩子内心感受型的爸爸，同样也知道如何"打击"孩子心理。

对待陪伴，心区爸爸会更为接受一些，对与孩子的身体接触诉求度相对要高一些，这也是因为心区性格的人认为身体的接触与连接的深度是有关联的。

在教育大方向上，心区爸爸更重视孩子的内心成长，如果和周围的孩子比较，自己孩子哪方面不如他人，会比较难过自责，穿衣打扮、沟通、表达等具体的细节，敏感细腻的心区爸爸都会关注到，也会因此患得患失，努力给孩子更多的爱，不舍得让自己的孩子受苦，会过度保护孩子，这点与心区的妈妈是一样的。对待长远规划，在具体的教育大方向上，心区爸爸相对不那么清晰，案例中的"我想在类似的问题上听听老师的意见，以便学习和参考"体现的就是这点，脑区爸爸这方面的困惑则少一些。

对于男人在教育中承担的给孩子更多资源的父亲角色，心区爸爸更重视的是孩子内心世界的丰富，心区爸爸容易受到周围人生活状态的影响，也愿意投入，哪怕做一些牺牲也在所不辞，媒体报道的陪着孩子几十年北漂、卖房子给孩子上学之类的爸爸多是心区爸爸，自己愿意为孩子付出心力和时间。

【案例3】

孩子的成长也是他们不断学习的过程，从他们呱呱坠地到长大成人，都是在不断地接受知识的过程。这个过程中我们作为家长，应该引导孩子正确地学习和认知，勇于承认错误、面对错误以及改正错误。我们家小朋友在这一方面刚开始的时候做得不好，不敢勇于面对自己的错误，总是选择逃避。记得有一次我在和她玩卡片识图游戏的时候，有一张卡片和另一张卡片图形很相似，所以每次问她这张卡片是什么的时候，她总是分不清楚，也就回答错了，后来每次当我拿出这张卡片的时候，她就说不玩了，或者跑走了。后来我和她说，我们既然不会，就要勇敢地说出来，不能逃避，这次不会，没关系，咱们记住就行，就算是下次再不会了，我们还可以继续去学习。遇到不会的问题，我们要勇敢面对，逃避是一种不好的表现。后来在这一方面，她懂得了怎么去面对，当然她还小，教育她是一个循序渐进的过程，从小培养他们正确的学习习惯，久而久之，他们自然也就习惯了这样的方式。结果并不重要，重要的是过程，有了一个良好的过程，结果自然就不会差了。

这是腹区性格爸爸教育孩子的案例。

在教育孩子具体的事情上腹区爸爸重视的是孩子的综合素养，案例里我们能看到这位爸爸既有脑区爸爸对原理的重视，也有心区爸爸的耐心，不在具体事情上过度用力，这也是腹区爸爸更为看重长远的表现。如果在具体的事情中体现出的素质会影响以后的发展，腹区爸爸则会更为较真、有力量，"遇到不会的问题，我们要勇敢面对，逃避是一种不好的表现"就是最好的说明，不厌其烦，也不发脾气，用力量应对，坚持原则不动摇，当然前提是爸爸能把握清楚这些具体的点。

对待陪伴，腹区爸爸更会身体力行，做不到心区爸爸那么细致细腻，对待关键性的事情愿意持之以恒地付出自己的精力，比如，有位腹区的爸爸认为10岁男孩子身体锻炼很重要，所以无论工作多忙，每天早晨六点都会起床把儿子带去跑步，从不间断，无论家庭成员怎么说都不行，用自己身体力行的方式推动。

在教育大方向上，腹区爸爸考虑得更为长远，规划得也更细致，毫不夸张地说腹区爸爸是对后代培养最为重视的，会制订详细的接班人培养计划，甚至不惜用资源换取孩子的成长，拿资源给孩子练手，比如，腹区性格的王健林给王思聪一笔资金做练手投资，绝不过问细节。对待孩子进入什么圈子，需要打好什么基础，腹区爸爸更相信环境对人的影响，会给孩子创造更好的整体环境。

对于男人在教育中承担的给孩子更多资源的父亲角色，腹区爸爸的方式是给条件、给资源放手让孩子自己折腾，自己体验了才能明白，不过问细节，在关键时刻、原则性问题上才会具体过问，目的也是通过这些锻炼让孩子有更长远的眼光与更大的格局，其他的都是次要的。腹区爸爸既为孩子创造外部条件，同时也重视孩子内在素质的发展。

爸爸参与教育之后的注意事项

了解不同性格爸爸的教育理念与态度，能够帮助大家更好地理解爸爸，以及调动爸爸参与孩子的成长。

陪伴是长期的互动，需要多方面因素配合才能得以实行，即便爸爸完全参与了孩子的成长，但因为男人缺乏耐心，个性又比较直接，对孩子的要求，更多的是成人式的标准，这些注定了父子父女磨合中的问题更多、矛盾更多，此时妈妈需要起好桥梁作用，妈妈要学着相信他们自己能解决，不轻易地参与其中，如果到了矛盾不可调和的地步，再进行调节、疏导，及时地补位。经常有妈妈抱怨，本来想让爸爸与孩子培养感情，让他们一起出去玩半天，结果没多久两个人生着彼此的闷气就回来了。

妈妈此时起的作用是凭借对爸爸与孩子个性与心理充分把握，不带情绪地沟通与表达，并时刻准备翻译出爸爸和孩子不同的沟通表达方式背后的心理诉求是什么，这才是女性智慧的体现，也是我想帮大家做的，绘制孩子的性格使用说明书，用这份对孩子行为与心理的了解、把握作为基础去和爸爸沟通，从而调动爸爸。

 ## 案例分析

【示范案例1】

孩子爸爸，你也不要觉得孩子没和你说过程，有时过程需要在陪伴中看到，说出来的不一定是真心所想，做出来的也可能不是。

作为陪伴者，就是要在这个过程中发现问题，交流感受，不断纠偏或鼓励……因为有的时候，自己的问题自己是看不到的。能看到在那个过程中的起心动念，才有可能从根本上改变。

这其实是一个很需要时间、耐心和心力的事情。愿意真正付出，才会有那个结果，因果不虚。

共勉。

【解读】这是一个单亲妈妈就孩子模拟考试成绩没有达到预期而与孩子爸爸做的沟通，这次沟通很好地弥合了父子之间的差异，也让孩子爸爸更了解孩子，更理解孩子，以及如何给孩子支持，并帮助孩子。

当爸爸与妈妈在教育上能达成一致时，再谈沟通协作、建立沟通机制则是非常必要的，定期召开家庭会议，对孩子成长进行盘点交流，即使没有孩子参与，夫妻二人的小会议也是必需的，有制度保障才能够行驶得更为长久。

【示范案例2】

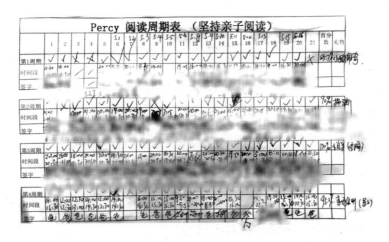

【解读】这是一位工作比较繁忙的妈妈制定的关于陪孩子阅读的表格，更多的时间是由爸爸陪伴孩子阅读，有时候爸爸来不及，爷爷来补位，落实到具体的制度上。

教育从妈妈开启，教育从爸爸开启，教育更是多方配合、共同参与的结果。妈妈是家庭教育的核心，妈妈要调动所有的资源一起为孩子的成长保驾护航。

爱的教育是为了更好地分离

爸爸、妈妈、孩子只是角色与称呼的不同，最终的人生道路都要自己走。一家人只是相伴的时间更久一些而已。

宫崎骏在《千与千寻》里有一句经典的台词：人生就是一列开往终点的单程火车，到了分别的时刻我们对同行人道一声珍重，祝福彼此下一段路走得更好。

可能拿到这本书的时候，您想收获的是怎么让孩子好好吃饭、提高孩子学习主动性、提升亲子关系，但是逐渐地你会发现这些好像都和自己的内在发生了关系。

女人天然有心区属性，男人天然有脑区属性。女人感性、男人理性，心区感性、脑区理性。用脑区性格理解、看待男人基本不会错的。男人看待孩子的视角和女人的不同之处就在：你还差多少分达标，你有没有成熟，成熟了我就接受你，不成熟我就不接受。

分享一个我与父亲之间的小故事：考上大学那年，我鼓起勇气邀请爸爸下象棋，爸爸先让我一车，后来又让我一马，后来又让了我两马一车，结果我三局都输了，爸爸也没有高抬贵手。然后说了几句话，我当时只听到一句：技术还不行，还要练。

当时我非常难过，觉得自己考上了大学，终于可以像个大人一样与父亲对话了，结果我仍然没有获得这份资格。

当一个孩子心里没有办法与父亲平等、自然对话的时候，是没有力量走向社会的，也无法处理好与领导和权威之间的关系。只能小心谨慎、唯唯诺诺，或者暗地里努力，很用力地表现自己，以获得一份资格。

妈妈能帮助孩子的，是给孩子更多的力量，特别是心理力量，支持孩子走到父亲面前，并交给父亲，这样孩子才会拥有完整的人生，以及丰富而扩展的生命体验。我们共同努力，让父亲在孩子的成长路上给力。

有妈妈爱的温暖陪伴，有父亲力量的支持，一个人的性格才是完整的，即使单身或者重组家庭，只要给出爱与力量，有这个能力，孩子也会得到完整的成长。如果孩子的成长有缺失，进入社会之后会付出很多代价，在他人忙于开启自己的人生时，虽然他也积极努力，但目的是为了得到缺乏的母爱，证明自己有价值，或者寻找被保护与支持的感觉，弥补父亲陪伴不足的遗憾，这样的人生注定少了很多精彩，成家之后更会把这些缺失投射给孩子，造成孩子的缺爱。心理完整的人，人生会更容易获得成就与幸福。

生命的本质在于不断向前，孩子的生命里则拥有更多的可能性。教育孩子就在于，每个家庭、每对亲子过好每一个当下，能够清晰而完整地认识自己、认识他人，九型人格就给我们提供了这样一个参考工具。培养孩子的内驱力、自己主动做事情的能力、对生活的责任感，是教育要完成的重要任务。这需要在面对未来时，父母尤其是妈妈能够做一个宽松而包容的人，只有这样，内驱力才能在孩子的心底生根发芽。有了这份内驱力，对于个人来说，可以在学习与工作中提出新颖的看法，打破以往的规律，实现突破；对于社会来说，内驱力会带动创造力，这更是促进社会发展的动力；对于国家来说，内驱力带动的创造力则是国家发展的灵魂，可以推动国家综合实力的提升、促进国家长远发展等。如国民经济发展计划中就曾提出，中国经济要从中国制造向中国创造转变，所以，我们培养孩子的方向也应考虑随之调整。作为曾经在标准化环境中长大的我们这代人，如今已经做了母亲，无形中就会以自己成长的标准来要求孩子，这显然是无法适应未来发展的。

教育孩子，在很多细节上有所体现，教育理念、方法的落实也同样体现在具体的一个个操作中。举个例子，有两个孩子在餐厅就餐，等待上菜期间，百无聊赖的孩子开始拿着筷子敲碗和桌子，发出了不一样的声音，这让孩子很开心。这时隔壁桌子就餐的人们投来了责备的眼神，这时的你会怎么做呢？责骂孩子，夺下孩子的筷子，制止孩子不可以敲打碗筷吗？大多数的父母应该都会这么做。此时的孩子会怎么做呢？这可能和你平时在孩子面前树立的威信大小有关，如果你很严厉，孩子可能会立刻停止，并认为这是不正确的行为，下次不这么做了。如果有他人在旁边支持，孩子可能就会撒泼耍赖，下次可能还会这么做。但也有父母采用了不一样的方式，他们没有喝斥孩子，而是询问孩子为什么要这么做。孩子说："这么做只是想知道用筷子敲打不同的东西，用不一样的力度，从不一样的角度，都发出什么样的声音。"大家发现没有，其实我们不用急着去评判孩子的行为，当你这样询问孩子的时候，你想想孩子会不会停下来认真听你要说的话呢？急于用世俗的标准来纠正孩子的行为，如果你觉得孩子这个行为是不听话、捣乱、没有社会公德，你经常用这样的语言去评价你的孩子，那么他真的会觉得自己就是这样的人。因为，我们都是从别人的评价来认识自己的，尤其这个"别人"是自己最爱、最信任的父母，父母的评价在孩子心目中的地位特别重要，但当父母给孩子一定的空间，倾听他们，了解他们为什么要这么做，也许父母就会明白孩子的快乐在哪里。允许他们去探索未知的世界，但可以告诉孩子更恰当的方式，比如，告诉孩子："公共场合的餐具是用来吃饭的，不是乐器，也不是玩具，你们的声音影响到了其他用餐的人，会让他人感到不舒服，如果想尝试，我们可以在家里，妈妈给你准备专门的餐具用来击打，可以吗？"当孩子真的对这样的击打特别感兴趣时，我们可以让孩子去学习乐器，也许孩子就是未来的音乐家。一个小小的事例，作为妈妈，不同的处理方式，给孩子带来的影响是完全不同的，同时，也会影响孩子未来的发展。培养孩子的内驱力，需要的是妈妈能够应对和处理好自己的焦虑与不安，学会与自身的情绪相处，不被这些情绪操控，从而给孩子营造宽松和包容的家庭环境，促进和催化孩子宝贵的内驱力产生。

　　探究周围世界的未知事物，是人类普遍的行为反应，也是我们人类进化的稳定需求。如果一个孩子不断地被规范，不断地被限制，那么他们就不敢去尝试，因为创造都是需要冒险精神的，也需要有犯错误的勇气。作为父母，我们需要学会的是给孩子更多的空间放慢脚步，学会接纳孩子，认识到不同性格的孩子，有着不同的内心世界与外在的行为表现。同时，自身难免受到性格本身的局限和约束，借助九型人格这个工具，在教育孩子中学会克服自身性格障碍。父母是孩子最好的老师、最后的保障，孩子在成长环境里，需要不断地被鼓励和支持，如果父母什么都不允许，那么孩子也不敢尝试，内驱力就无从谈起，因为遵循是最容易，也是最安全的。做宽松的父母，不要追求完美，接受孩子的普通与平常，让孩子保留一颗真诚自主的心，勇敢地做自己。

学员学习心得

◎妈妈课中九型人格的学习，让我了解了自己及两个孩子的性格特征，不同孩子的性格面对同样问题的处理方式也不相同，知己知彼，让我在育儿中轻松前行。

◎经过多次妈妈课的学习，让我明白孩子的教育不仅仅是孩子本身，还有我们父母自己，首先需要觉察自己缺失的部分并去把它补回来，才能给到孩子你想给的，因为自己没有的也给不了孩子。

◎妈妈课的学习让我了解到爸爸在家庭教育中的重要性，让我学会从往常的指责转变为有意识地夸赞和引导，让爸爸主动加入其中，使生活变得更加和谐美好。

◎孩子三岁多时，就表现出惊人的脾气，总是情绪激烈，跟着妈妈课学习之后，通过我的努力，孩子的脾气有了极大的改善，从一个动不动就大喊大叫、满地打滚的孩子变成了可以正确表达情绪，甚至可以自己处理并包容他人情绪的孩子，我也不再因为孩子的暴脾气而担心了。

◎家有两娃，争端从来没有停止过，总是打架，争吵，什么都要抢。学习妈妈课后知道，多子女家庭，孩子的物品界限一定要明确，而且孩子争

的不一定是那个东西，或者那件事，而是妈妈的爱，现在我不再总是教导姐姐让着妹妹，学会让妹妹尊重姐姐，让两个孩子有了正常的序位，现在两个孩子亲密无间，偶有矛盾也都能通过良好的沟通来解决，让家庭中的每个人都回归到自己应在的位置上，家庭关系变得融洽了，我再也不用做裁判了，这是我学习过程中的最大收获。

◎家有四岁男孩，性格内向，又特别易怒，特别是在外面跟小朋友不开心了喜欢回来跟妈妈撒气，有时还动手打人。后来经朋友介绍参加妈妈课学习，万老师说孩子是通过大喊大叫和打妈妈的方式来释放自己的情绪，妈妈需要做的是一边关注孩子的情绪变化，一边很坚定地教会孩子正确表达情绪的方法，告诉孩子打人和大喊大叫是解决不了问题的。通过一段时间的坚持，孩子的情况有了明显好转。专业的事交给专业的人去做，很幸运遇见妈妈课，遇见万老师！

◎弟弟从小就特别爱吃，而且经常吃撑，开始以为他是腹区的娃，学习妈妈课后才知道他是一个心区娃，因为我给的爱不够，孩子才会对食物那么着迷，万老师说从说话看着他的眼睛开始，爱不是给了多少物质，而是孩子感觉到妈妈有多重视他。内心有爱了，才不会用食物来填补。

◎学习妈妈课，收获非常大：1.学会情绪管理。看到自己的情绪并在万老师指导下陪伴疗愈，内心开始成长，使一向焦躁不安的内心越来越稳定，长期困扰自己的睡眠问题得到彻底解决。2.亲子关系一片和谐。随着妈妈课的学习，自己带娃的意愿从内心抗拒演变为主动承担，通过万老师九型人格的学习，了解了两个儿子的性格特征，找到最有效的沟通与相处方式，两个儿子之间不再争执不断，亲子关系一派和谐，儿子的学习成绩从班级中游到了名列前茅。3.夫妻关系亲密无间。以前我的眼里只有儿子，一味地向老公提要求，却看不到他的存在与需求。通过妈妈课的学习，我明白了亲密关系是一切关系的基础，当我开始给予对方关注和爱时，我得到了超乎自己要求的收获，重拾了我们之间甜蜜的爱情，滋养了整个家庭。

◎最初上妈妈课，是因为孩子学习成绩不好而焦虑，也不太会和孩子相处，即使表扬孩子也起不到积极的效果。学习妈妈课后，我发现孩子的学习成绩根本不是我想怎样就怎样的，焦虑不仅让我的情绪不稳定，而且使亲子关系遭到严重破坏，孩子的学习就更不可能搞好。妈妈课手把手教我处理自己的焦虑情绪，让我的亲子关系越来越好了。以前特别不喜欢我的爸爸妈妈教育我的方式，控制、打压、批评、指责，但越是不想，就越发现自己成了爸爸妈妈那样的人。学习妈妈课后，才知道这就是原生家庭的原因，我们在原生家庭中受到的控制、打压、批评、指责等使我们没有活出自我，所以就想在孩子身上实现，让孩子背负了许多不属于他的责任，从而也活不出他的自我。在妈妈课不断地深入学习中，我不断成长，活出了真正的自我，我想这样才能给孩子最好的原生家庭。

参考书目

1. 劳拉·E.伯克著，陈会昌译.伯克毕生发展心理学 [M].北京：中国人民大学出版社，2014.

2. E.Bruce Goldstein 著，张明译.认知心理学 [M].北京：中国轻工业出版社，2018.

3. 唐·理查德·里索、拉斯·赫德森著，徐晶译.九型人格——了解自我、洞察他人的秘诀 [M].海口：南海出版公司，2010.

4. 唐·理查德·里索、拉斯·赫德森著，李耘译.九型人格——发现你的人格类型 [M].海口：南海出版公司，2010.

5. 唐·理查德·里索、拉斯·赫德森著，谭苗译.九型人格的智慧 [M].海口：南海出版公司，2014.

6. 海伦·帕尔默著，徐杨译.九型人格 [M].北京：华夏出版社，2006.

7. 苏珊·罗德斯著，赵燕飞译.积极的九型人格 [M].北京：北京理工大学出版社，2014.

8. 林文采，伍娜.心理营养：林文采博士的亲子教育课 [M].上海：上海社会科学院出版社，2016.

9. 江腾真规著，罗晶译。让孩子自发学习的方法 [M].北京：机械工业出版社，2019.

10. 黄静洁.学习的格局 [M].北京：中信出版社，2020.

推荐书目

从事心理学与家庭教育多年，也主办过读书会，带领无数家长探讨家庭教育，根据自己多年教学实践经验，推荐一些书目给有兴趣的家长做拓展阅读。

一、心理学类

◎适合0~3岁孩子的家长阅读

1. 科胡特《自体的分析》

2. 克莱因《儿童精神分析》

3. 李雪《当我遇见一个人》

◎适合3~6岁孩子的家长阅读

1. 弗洛伊德《梦的解析》

2. 安娜·弗洛伊德 《自我与防御机制》

3. 卡伦·霍妮《我们内心的冲突》

4. 武志红《为何家会伤人》《为何爱会伤人》《感谢不完美的自己》

5. 曾奇峰《曾奇峰的心理课》

◎适合6岁以上孩子的家长阅读

1. 阿德勒《自卑与超越》

2.岸见一郎《不管教的勇气》

3.尼尔森《正面管教》

二、家庭教育类

◎ 0~6岁，重点是尊重孩子的身心发展，做好学前启蒙教育

1.孙瑞雪《爱和自由》《捕捉儿童的敏感期》

2.科恩《游戏力》

3.启蒙阅读绘本

4.中国传统的幼儿启蒙教育内容

◎ 6岁以上家长，对于孩子的教育需要涉及学习与作业习惯的培养

1.卓立《欢迎来到一年级——幼小家长衔接手册》

2.黄雅洁《父母的格局》《学习的格局》

3.刘称莲《陪孩子走过小学六年》《陪孩子走过初中三年》《陪孩子走过高中三年》

4.沙沙心语《如何培养孩子的阅读力》

三、综合类

1.《你的N岁孩子》，这套书从1~14岁，每个年龄段一本

2.《家庭教育指导手册》

3.《中国家风》《中国家教》《中国家书》

后　记

　　十年树木，百年树人。教育事关国家民族的未来，对一个家庭中的父母和孩子影响也很大。这些年，我选择了从事家庭教育方面的教学和研究，体会的是一份沉甸甸的责任。

　　妈妈课自开班以来，接触了许多妈妈学员，了解到妈妈们在教育孩子时的困惑，孩子所处阶段不同就有不同的特点，孩子每个阶段的表现方式不相同，妈妈们的困惑也不同。幼儿期集中在吃饭睡觉、和小朋友相处、孩子的性格脾气引导等方面的诉求；小学阶段受困于孩子的作业辅导、学习成绩下滑、拖延磨蹭等不良学习行为习惯；进入青春期之后，这时会受到亲子关系、与孩子沟通交流等方面困扰。许多妈妈急切需要找到解决这些方面问题的理论和方法。这就要求我思考用什么方式备课、讲授，用什么语言方式写作表述。

　　本书在写作的过程中力求兼顾两个方面，一方面是提供方法和技巧，让妈妈学会情绪的自我调节等；另一方面试图在孩子与妈妈之间架起一座桥梁，使他们能够理解彼此的不同，找到更好的、更恰当的做法，做到两方面的融合。非常感谢，在妈妈课实施这么多年来，诸多家长的支持和信任，使得我能够一步一步地在问题中前行，去找寻这些问题的解决方案。

　　本书就是由我创办的妈妈课历年来的讲课内容创作而成，是学习实践中阶段性的成果。考虑到这是一本以实践应用为主的书籍，面向的是广大家长——爱学习的妈妈群体。所以，选择了具有一定指导价值的著作作为参考，

心理学部分我以克莱因、科胡特、弗洛伊德的理论为主，其中九型人格部分则结合了海伦·帕尔默与唐里索的理论，教育的实践参考更多的则是《爱和自由》《游戏力》《孩子如何学习》等。这样做的目的是，力求以理论知识武装这些妈妈，便于她们在探索中找到参考与依托。这些著作在我学习和工作中给予指引，也可给众多妈妈以借鉴。

成书的过程中，得益于很多老师、同学、家长和朋友的支持。讲稿的整理有艾青、梁丽娟、王丽霞的支持与付出；案例由康慧、贺翼飞、李欣、刘冬梅、叶亮芝、徐颖、李晓兰、穆春晓、方玉梅、吴琼等辛苦编辑，她们的孩子为本书提供了插图；本书的责任编辑王大丽更是悉心指导如何让课件变得更适合图书的要求，不辞辛劳多次审校书稿，对于本书的成书风格等提出许多建设性意见。在此深表谢意。

作为一名教育者，我也是受教育的对象，成长中得益于家庭与社会的培养。我的父母不仅生我养我，在本书创作出版的过程中，帮我照顾我的小家庭，为我创造良好的写作、教学环境。我的几位叔叔、姑姑、舅舅、姨妈，在我们兄妹三人求学过程中，也尽力帮助我们，让我们能够学有所成。在我从小学到大学的受教育过程中，一些优秀的老师，无论在教学还是做人方面都给我留下了不可磨灭的印象，他们分别是我的小学恩师苏学英、王月霞、王殿勤等，中学恩师蔡金辉、徐超、潘振等，大学所读专业伍得勤、杨震、黄雅洁等。在我的个人成长中，亦有众多名师大作的影响，如弗洛伊德、克莱因、朱建军、武志红等的理论观点丰富着我的认知。进入社会后，几经迷茫，也幸得好友李建凤、刘萍、郭理想等陪伴，并给予我莫大的帮助，也有葛建平、叶彬、陈伟等给予具体工作指导。创业过程中，更是经历几多曲折，有颜萌、程格栋等出谋划策，也有周依、殷丽、许杨等好友先后参与其中，更有沈忱、赵克隆、熊佳玺陪伴成长，共克艰险。在创业发展过程中更是离不开张涛、杜鹃夫妻创办的易贝斯，高阳、袁素博夫妻创办的乐模，姜巧玥创办的茄子鲜生，尹君创办的锦玉记，潘胜创办的朗泰科技，万娇燕创办的心港心理咨询，肖琼创办的启明心心理咨询，剑飞创办的语音写作，赵燕创办的凌众管理，毛咏梅创办的冰利设计，金环创办的环外留学，朱雷创办的上知品牌，梁明霞工作的皖新传媒，周艳工作的百川名品，徐颖、段南燕、王义联工作的安徽电信，王婧工作的建设银行，李雪洁工作的望湖小学，徐丽工作的白马电商等倾力支持，更有冯敏、董梅林、马晓圣、邸娜等好友的大力支持和影响传播。我的学习和成长离不开这些亲朋好友的培养和帮助，在书稿即将付梓之际，向他们一并表示感谢。

尽管几易其稿，受限于自己的理论与实践水平，本书严谨性、实用性等还存在不足，有待于在学习实践中更进一步提升，也敬请广大读者朋友批评指正。

万 乐

2023.3.10